**불교가 좋아지는 불교우화 1**

# 마음밭에 단비

**불교가 좋아지는 불교우화 1**
마음밭에 단비
ⓒ이용범 2011

초판 1쇄 발행일 2011년 7월 28일

**지은이** 이용범
**펴낸이** 이정원

**출판책임** 박성규
**편집책임** 선우미정
**편집진행** 이은
**디자인** 정정은 · 김지연
**편　집** 김상진 · 이상글
**마케팅** 석철호 · 나다연 · 최강섭
**경영지원** 김은주 · 박혜정
**제　작** 고강석
**관　리** 구법모 · 엄철용

**펴낸곳** 도서출판 들녘
**등록일자** 1987년 12월 12일
**등록번호** 10-156
**주　소** 경기도 파주시 교하읍 문발리 출판문화정보산업단지 513-9
**전　화** 마케팅 031-955-7374　편집 031-955-7381
**팩시밀리** 031-955-7393
**홈페이지** www.ddd21.co.kr

**ISBN** 978-89-7527-976-8(14800)
　　　 978-89-7527-975-1(set)

값은 뒤표지에 있습니다. 잘못된 책은 구입하신 곳에서 바꿔드립니다.

**불교가 좋아지는 불교우화 1**

# 마음밭에 단비

들녘

저자의 말 세계 우화의 보물창고

　우화는 가장 오래된 문학 양식이라 할 수 있다. 대개 우화는 동물을 통해 삶의 교훈을 가르치지만, 어리석거나 교만한 사람들을 등장시켜 현명한 삶이 어떤 것인지를 우회적으로 드러내기도 한다. 따라서 우화는 자녀 교육을 위한 최초의 교과서 역할을 했을 것으로 짐작된다.
　물론 우화는 개인의 창작물이 아니다. 잘 알려진 『이솝우화』 역시 이솝의 창작은 아니다. 그는 자신이 발 딛고 있는 그리스뿐만 아니라 세계 각지에서 우화들을 모아 책으로 엮었다. 그중에는 불교 우화들도 포함되어 있다.
　누가 먼저 책으로 만들었는가는 중요하지 않다. 어느 나라든 우화들을 갖고 있었고, 그것이 여러 지역으로 전파되면서 조금씩 변형되거나 재창작되었기 때문이다. 심지어 불교우화 중에는 헤로도토스의 『역사』나 『성서』, 혹은 러시아 민담에 나오는 이야기와 유사한 것들도 있다. 특히 불교가 번성했던 우리나라의 경우에는 수많은 설화와 우언소설(寓言小說)들이 불교우화의 영향 아래 놓여 있다.
　우화를 읽는 즐거움은 그 의미를 다양한 시각으로 해석할 수 있다는 데 있다. 실제로 불교 경전에 나오는 우화들은 중복되거나 유사한 것들이 많은데, 같은 이야기라 하더라도 상황에 따라 전혀 다른 교훈을 제시하기도 한다.

우화만큼 간결하게 삶의 지혜를 제시해주는 것도 없다. 수백 권의 책도 짧은 우화 한 편보다 유용하지는 않다. 우리는 우화가 어린아이들이나 읽어야 할 동화쯤으로 생각하지만, 정작 우화를 읽어야 할 사람은 어른들이다. 어린아이들은 우화가 요구하는 대로 충분히 순박하고, 충분히 아름다우며, 충분히 맑기 때문이다.

어른들은 너무 빨리 살아왔다. 오래, 그리고 빨리 살았다고 해서 충분히 산 것은 아니다. 오히려 어른들은 빨리 살아버리는 바람에 가지고 있어야 할 것들을 많이 잃어버렸다. 이제는 제자리에 서서 뒤돌아보아야 할 것들이 너무 많은 것이다.

이 책에는 260여 편의 우화가 실려 있다. 이 중에는 설화로 분류되어야 할 것들도 있지만, 우화의 개념을 보다 폭넓게 해석하여 함께 묶었다.

2011년 여름
이용범

차례

저자의말 세계 우화의 보물창고


# 똥 묻은 개가 겨 묻은 개에게 11

돼지를 살찌우는 이유 | 송충이는 솔잎을 먹고 살아야 한다 | 사자를 흉내 내는 여우 | 꼭꼭 숨어라, 나귀 꼬리 밟힐라 | 내 코가 석자 | 어쨌든 사랑도 현실 | 가라앉는 섬 | 당나귀는 당나귀다 | 부러우면 지는 거야 | 똥 묻은 개가 겨 묻은 개에게 | 머리가 나쁘면 몸이 고생한다 | 네가 할 일과 내가 할 일


# 배울 것과 배우지 말아야 할 것 39

지속적인 관리의 중요성 | 진작 알았더라면 | 백 살이 넘어 춤을 추는 이유는? | 어미 고양이의 가르침 | 사냥꾼은 없던데요? | 더 안타까운 죽음 | 하나를 보면 열을 안다 | 우유병 안에 든 쥐 | 돈보다 값진 유산 | 지금, 아이들에게 필요한 것은 뭐? | 혼나봐야 정신을 차리지 | 예쁜 짓하는 놈이 예쁘다 | 환경이 미치는 영향 | 좋은 소리도 사흘 밤낮을 들으면 | 아무나 본받으면 안 돼요 | 아버지의 어긋난 사랑 | 배울 것과 배우지 말아야 할 것 | 울 때를 알지 못하는 닭 | 말 한마디도 듣는 귀에 따라 큰 가르침이 된다 | 죽기 전에 가르쳐줘야지 | 순종의 아름다움 | 피는 물보다 진하다

# 냉장고에 코끼리 넣기 93

내가 제일 어른이야 | 내가 대접받고 싶으면 | 냉장고에 코끼리 넣기 | 너만 속일 줄 아니? | 정신만 차리면 산다 | 도대체 누가 미친 거야? | 그 말을 믿으라고? | 불씨를 얻으려면 | 두 번 잃어버린 돈 자루 | 왕을 상대한 젊은 도둑의 꾀 | 잠을 자지 않는 왕 | 도둑이 제 발 저리다 | 훌륭한 지도자의 조건 | 곰에게 붙잡힌 노파의 꾀 | 일방적인 잘못이란 없다 | 명마를 보는 눈 | 나이는 숫자에 불과할 뿐 | 왕이라도 못하는 일


# 친구를 사귀려면 147

은인에게 은혜 갚기 | 내 친구를 먼저 만나보세요 | 이간질하는 자의 운명 | 친구를 사귀려면 | 죽게 생겼는데 | 칼보다 날카로운 | 친구로 위장한 적 | 나쁜 친구와 함께 산다는 것은 | 구슬 때문에 잃은 조카의 신뢰 | 적과 함께 산다는 것 | 타고난 본성 | 망둥이가 뛰면 꼴뚜기도 뛴다

네가 있으므로 내가 존재한다 181

외톨이 나무와 숲의 나무 | 진실한 믿음 | 뭉치면 산다 | 네가 있으므로 내가 존재한다 | 흩어지면 죽는다 | 죽음보다 두려운 약속 | 책임감의 무게 | 나를 지키는 것이 곧 남을 지키는 것 | 한번 믿음을 잃으면 | 사소한 장난질 때문에 | 정직한 도붓장수


아름다운 희생 207

씨앗 안에 담겨 있는 것 | 머리 위에 지은 새 둥지 | 비록 한 포기의 풀일지라도 | 구슬을 삼킨 거위 | 아름다운 희생 | 조상이 물려준 지혜 | 공양을 남겨 짐승의 먹이로 주는 이유 | 한 번도 화를 내지 않은 사람 | 물에 밥을 씻어먹는 이유


무엇이든 적당하게 231

한낮에 등불을 든 까닭 | 무서운 똥 | 무엇이든 적당하게 | 교만한 매 | 뛰는 놈 위에 나는 놈 | 원숭이의 자랑 | 상대의 약점은 가장 나쁜 무기 | 무모한 자만심 | 쓸모없는 나무가 오래 간다 | 입장 차이 | 비상식량

속 보이는 거짓말 263

동등한 거래 | 겁쟁이 병사의 거짓말 | 등잔 밑이 어둡구나 | 속 보이는 거짓말 | 고양이의 속임수 | 잉어 나누기 | 속일 걸 속여야지 | 말로만? | 사기꾼의 명예 | 예언자가 되려면 | 속이기 위한 고백 | 인간이든 짐승이든


세상에서 가장 빠른 것 297

눈먼 부부 | 세상에서 가장 빠른 것 | 세상에서 가장 행복한 사람 | 세 차례의 경고 | 사람의 머리 값은 얼마인가 | 한 방울의 꿀 | 한바탕 고된 꿈 | 항아리 속의 구슬 | 새가 없는 나라 | 사랑은 움직이는 거야 | 몸 안에 담긴 진실


뒤로 물러서야 할 때 329

엄청난 오해 | 그냥 기다리지 | 붕어빵에 단팥이 없으면 | 느닷없는 행운이 찾아올 때 | 뒤로 물러서야 할 때 | 말라버린 소젖 | 3층집 짓기 | 거저 어른이 되려면 | 작은 것을 얻으려다 큰 것을 잃다 | 나무에 물주기 | 어리석은 농부 | 볶은 씨앗을 심다 | 손해 나는 장사 | 후회하기엔 너무 늦었다

• 일러두기

여기에 실린 글은 원전에 실린 내용을 약간 변형하거나 우화의 형식으로 고쳐 쓴 것입니다.

또 불경에 실린 유사한 내용의 여러 이야기를 하나로 합친 것들도 있습니다.

가능한 한 출전을 밝혔습니다. 여러 출전을 함께 밝힌 것은 유사한 내용의 이야기가 여러 경전에 실려 있기 때문입니다. 때로는 같은 이야기가 전혀 다른 교훈을 전달하는 경우도 있습니다.

따라서 원전의 내용과 다소 차이가 있을 수 있으므로 이해와 참고를 바랍니다.

# 똥 묻은 개가 겨 묻은 개에게

돼지를 살찌우는 이유 | 송충이는 솔잎을 먹고 살아야 한다 | 사자를 흉내 내는 여우 | 꼭꼭 숨어라, 나귀 꼬리 밟힐라 | 내 코가 석자 | 어쨌든 사랑도 현실 | 가라앉는 섬 | 당나귀는 당나귀다 | 부러우면 지는 거야 | 똥 묻은 개가 겨 묻은 개에게 | 머리가 나쁘면 몸이 고생한다 | 네가 할 일과 내가 할 일

## 돼지를 살찌우는 이유

어떤 집에서 소 두 마리와 돼지 두 마리를 기르고 있었다. 그 집에는 시집 안 간 딸이 있었는데, 마침 혼처를 청하여 결혼할 날짜가 점점 가까워졌다.

처녀의 부모는 손님들을 대접하기 위해 혼인 날짜에 맞춰 열심히 돼지를 길렀다. 돼지들은 갑자기 좋은 먹이를 먹게 되자 연신 싱글벙글 미소를 지었다. 돼지가 외양간에 있는 소에게 자신의 처지를 자랑하며 말했다.

"쯧쯧, 매일 일만 하면서 먹는 것은 마른풀뿐이구나. 우리 좀 보렴. 우리는 일도 하지 않는데 이렇게 맛있는 먹이를 먹는단다."

그 모습을 본 소가 형에게 분통을 터뜨리며 말했다.

"저 돼지는 먹고 놀기만 하는데도 저렇게 좋은 먹이를 먹고 있어요. 우리는 힘들여 수레를 끄는데도 먹이가 이게 뭐예요!"

그러자 형 소가 말했다.

"돼지들이 대접받는 것을 부러워할 필요가 없단다. 주인집 아가씨가 곧 시집을 가거든. 잔칫날에 잡아먹으려고 살찌우고 있는 거야. 지금 저 돼지들은 죽음을 먹고 있는 거야. 나는 죽는 것보다는 이 억센 여물이 좋아."

이윽고 잔칫날이 되어 손님이 모여들자, 돼지들은 잔칫상의 제물이 되고 말았다.

● 출전 : 『본생경』 30/ 『출요경』 권14 「이양품」 / 『경률이상』 권21

죽음은 공평하게 찾아온다. 부자에게도, 가난한 사람에게도, 죽음은 예외 없이 찾아든다. 수명에도 별반 차이가 없다. 하지만 삶은 늘 불공평한 것처럼 보인다. 똑같은 수명을 사는데도 어떤 이는 풍요로움을 누리고, 어떤 이는 배를 주리며 살아간다.

그러나 아직 게임이 끝난 것은 아니다. 욕심 많고, 사악하고, 게으르며, 거기에다 재물까지 많다면 다 그럴 만한 이유가 있는 것이다. 그런 사람이 없다면 지옥의 일꾼들은 어디 가서 일자리를 얻는단 말인가.

## 생긴대로 살아라


한 마리의 딱따구리가 단단한 박달나무 숲에 살고 있었다. 그는 늘 단단한 나무를 쪼아 그 안에 살고 있는 벌레를 잡아먹으며 살았다.

딱따구리에게는 참새 친구가 있었다. 어느 날 참새가 딱따구리를 만나기 위해 박달나무 숲으로 날아들었다.

딱따구리는 친구를 대접하기 위해 박달나무를 쪼아 맛있는 벌레 한 마리를 잡았다. 딱따구리는 벌레를 물고 참새에게 날아가 그것을 대접했다. 참새는 그 벌레를 먹고는 눈이 휘둥그레졌다.

"넌 정말 좋은 곳에 사는구나. 내가 사는 곳에는 이런 맛있는 먹이가 없어. 나도 이 숲에서 함께 살면 안 될까?"

딱따구리가 대답했다.

"안 돼. 이 숲의 나무는 너무 단단해. 딱따구리가 아니면 나무를 파서 집을 지을 수도 없고, 벌레를 잡을 수도 없어."

하지만 참새는 의기양양하게 말했다.

"걱정 마. 나도 나무를 파고 벌레를 잡아먹을 수 있으니까."

"네 부리로는 안 돼."

그러나 참새는 재빨리 허공으로 날아오르며 딱따구리에게 큰 소리로 말했다.

"잘 봐. 내가 전속력으로 날아가서 나무에 구멍을 낼 테니까."

참새는 전속력으로 박달나무를 향해 날아가 부리를 박았다. 그러자 참새의 부리는 유리처럼 부서지고, 머리는 산산조각이 나버렸다.

• 출전 : 『본생경』 210

송충이는 솔잎을 먹고 자란다. 사람의 삶도 마찬가지이다. 우리는 더 좋은 삶을 위해 자신의 터전을 떠나고, 다른 사람의 삶을 부러워하며, 다른 이의 인생을 살려고 노력한다.

물론 성공하는 사람도 있을 것이다. 하지만 대부분의 사람들이 다른 사람의 터전에 뿌리를 내리지 못하고 말라죽는다.

## 사자를 흉내 내는 여우

넓은 밀림에 사자 한 마리가 살고 있었다. 그곳에 사는 동물들은 모두 사자를 두려워하고, 존경하였다. 사자는 아침 일찍 굴에서 나와 사방을 세 번 돌아보며 포효를 한 다음, 들에 나가 사냥을 했다. 사냥으로 배를 채운 뒤에는 다시 굴속으로 돌아왔다.

그럴 때마다 여우 한 마리가 항상 사자의 뒤를 따라다니면서 사자가 남긴 찌꺼기를 먹어치웠다. 사자는 먹잇감을 풍족하게 남겼기 때문에 여우 역시 늘 배를 채울 수 있었다. 그리하여 여우는 날이 갈수록 몸집이 커지고, 힘도 세졌다. 뿐만 아니라 곁에서 사자의 사냥을 지켜보았기 때문에 성격도 점점 거칠어졌다. 더구나 사자의 뒤를 따라갈 때면 모든 동물들이 두려워하며 길을 비키는 것이었다. 여우는 점점 더 교만해지기 시작했다.

어느 날 여우는 이런 생각이 들었다.

"언제까지 사자 뒤를 쫓아다니며 찌꺼기만 먹을 수는 없다. 다른 여우들은 사자를 보면 늘 두려워하지만, 내가 그동안 사자를 살펴보니 사실 별것도 아니더군. 나도 이제는 힘이 세어졌으니 숲의 주인으로 행세해야겠다."

그렇게 생각한 여우는 다음날 아침 일찍 여우 굴에서 나왔다. 그리고는 사자가 했던 대로 사방을 돌아보며 세 번 크게 울부짖었다. 하지만 여우를 두려워하는 동물은 하나도 없었다. 그의 입에서 터져 나온 것은 가냘픈 여우울음 소리였기 때문이었다.

여우는 의기양양하게 들판으로 걸어 나갔다. 마침 커다란 코끼리 한 마리가 나뭇잎을 뜯고 있었다. 여우가 코끼리를 향해 달려들려고 하자 사자가 말했다.

"아서라. 네 힘으로는 코끼리를 이길 수 없다."

사자가 말렸지만 여우는 이를 무시하고 코끼리를 향해 힘껏 달려갔다. 그러나 코끼리는 상아로 여우의 옆구리를 찌른 다음 곧바로 발로 밟아버렸다.

• 출전 : 『불설장아함경』 권11 「아누이경」 / 『본생경』 143·335

중국 춘추전국시대, 제나라의 안자(晏子)는 어진 재상이었다. 안자가 외출 준비를 하고 있을 때, 마부의 아내가 문틈으로 남편의 거동을 살폈다. 남편은 안자가 탈 수레에 큰 덮개를 씌우고 네 필의 말에 채찍을 휘두르며 자못 의기양양한 모습이었다.

남편이 집으로 돌아오자 아내가 말했다.

"당신 같은 사람과는 더 이상 살 수 없어요. 그만 헤어지는 게 낫겠습니다."

마부가 깜짝 놀라 그 이유를 묻자 아내가 대답했다.
"당신이 모시고 있는 안자는 키가 6척밖에 되지 않으나 나라의 재상을 맡고 있으며, 온 세상이 그를 흠모하고 있습니다. 그런데도 그분은 늘 자신을 낮추어 사람들을 대했습니다. 하지만 당신은 키가 8척이나 되면서도 겨우 남의 말이나 모는 주제에 사람들 앞에서 의기양양한 모습을 자랑하고 있으니 장차 무엇을 기대하겠습니까?"(『안자춘추(晏子春秋)』)

자신의 본분을 까맣게 잊을 때가 있다. 고래 틈에 끼어 있는 새우는 고래가 아니고, 천리마 틈에 끼어 있는 노새는 말이 아니다.
사람도 마찬가지이다. 낮고 천한 곳에 머물면서 높고 편안한 것을 꿈꾸고, 비루하기 짝이 없는 인품을 지녔으면서도 고상한 인품을 지닌 사람과 다를 것이 없다고 생각한다.
바다에 산다고 모두 같은 물고기가 아니며, 하늘을 난다고 해서 모두 같은 새가 아니다. 남을 부러워한다면 마땅히 그와 같이 되기를 노력할 뿐이요, 남의 후광을 빌어 위세를 부리는 것은 어리석은 일이다.

## 꼭꼭 숨어라, 나귀 꼬리 밟힐라


옛날 어떤 상인이 나귀 한 마리를 갖고 있었다. 그는 가는 곳마다 나귀 등에서 짐을 내려놓고 나귀에게 사자 가죽을 씌워 논이나 밭에 다 풀어놓았다. 그러면 나귀는 마음대로 곡식과 보리 잎을 먹을 수 있었다. 나귀가 사자인 줄 알고 아무도 다가가지 못했기 때문이었다.

어느 날 상인은 마을 입구 주막에서 잠을 잤다. 그는 아침식사를 하는 동안 나귀에게도 먹이를 주기 위해 평소처럼 사자 가죽을 씌워 보리밭에 매놓았다. 보리밭이 망가지는데도 농부들은 겁을 먹고 가까이 가지 못했다.

이때 용기 있는 청년 하나가 마을 사람들을 모아놓고 외쳤다.

"더 이상 사자가 마을을 어슬렁거리는 것을 지켜볼 수 없습니다. 모두 힘을 합해 사자를 몰아냅시다!"

그리하여 온 마을 사람들이 무기를 들고 몰려들었다. 사람들은 고동을 불고 북을 치며 보리밭으로 향했다. 그 모습을 본 나귀는 깜짝 놀라 벌떡 일어났다. 그러고는 큰 소리로 울기 시작했다.

사람들이 울음소리를 들어보니 사자가 아니라 나귀의

울음소리였다. 이윽고 마을 사람들은 그것이 나귀임을 알고 뼈가 부서져라 두들겨 팬 다음 사자 가죽을 벗겼다.

- 출전 : 『본생경』 189
- 이솝우화에 유사한 이야기가 있다. 중국 전한(前漢) 시대 유향(劉向)이 편찬한 『전국책(戰國策)』「초책(楚策)」에 나오는 호가호위(狐假虎威)의 고사도 같은 메시지를 담고 있다.

아무리 겉모습을 치장해도 곧 본색이 드러나게 마련이다. 겉모습은 바꿀 수 있지만 본성을 바꾸기는 쉽지 않기 때문이다. 남의 위세를 빌려 자신의 위세를 과장하는 사람도 언젠가는 본색이 드러나고 만다.

## 내 코가 석자

 어떤 마을에 머리카락이 하나도 없는 대머리가 살았다. 머리카락이 없으니 그의 삶은 고단하기만 했다. 외모도 그러려니와 살아가는 데 있어서도 불편한 점들이 한두 가지가 아니었던 것이다.
 겨울이 되면 바람을 가릴 머리카락이 없어 매우 추웠고, 여름철에는 햇볕을 가릴 수 없어 매우 더웠다. 또한 모기와 벌레가 달려들어 수시로 머리통을 물기 때문에 밤낮으로 심한 고통을 받았다.
 어느 날, 그는 무슨 병이든 치료할 수 있는 용한 의사가 있다는 소문을 들었다. 그는 대머리를 치료할 수 있을지도 모른다는 기대를 안고 용한 의사를 찾아가 말했다.
 "선생님은 대머리를 치료하실 수 있습니까?"
 의사는 그의 머리통을 살피더니 몹시 안타까운 표정을 지었다. 한참을 고민하던 의사는 이내 머리에 쓴 모자를 벗으며 대머리에게 말했다.
 "보다시피 저도 대머리입니다. 만일 내가 대머리를 고칠 수 있다면 먼저 내 머리통부터 고쳤겠지요."

• 출전 : 『백유경』 40

뛰어난 재주로도 어쩔 수 없는 경우가 있다. 변호사는 법을 다루지만 그가 모든 법을 지킬 수 있는 것이 아니며, 의사는 병을 다루지만 그가 모든 병을 고칠 수 있는 것도 아니다.

스스로의 문제를 해결하지 않고는 남에게 충고할 수 없다. 자신의 문제를 해결하지 못하면서 남의 잘못을 탓하는 것은 똥 묻은 개가 겨 묻은 개를 나무라는 것과 같다.

## 어쨌든 사랑도 현실

큰 호숫가에 한 마리의 거북이 살고 있었다. 호수 주변에 무성하게 자란 숲 속에는 원숭이 한 마리가 살고 있었다. 거북은 가끔 물에서 나와 나무 위에 매달려 있는 원숭이와 이야기를 나누곤 했다.

그런 일이 매일 반복되자 거북과 원숭이는 점점 친해지게 되었고, 마침내 거북은 원숭이를 사랑하게 되었다. 어느 날, 사랑에 빠진 거북은 자신의 마음을 원숭이에게 고백했다.

"나는 당신을 사랑하고 있습니다. 나와 함께 사는 것이 어떻겠습니까?"

거북의 고백을 들은 원숭이는 한참 동안 고민을 하다가 이렇게 말했다.

"나는 나무를 떠나서는 살 수 없습니다. 만일 그대가 나와 함께 살고 싶다면 호수를 떠나 나무 위에서 살아야 합니다."

그러자 거북은 몹시 고통스러운 표정으로 대답했다.

"하지만 나는 물속이 아니면 살지 못합니다. 나는 호수 안에 살면서 언제나 물고기를 먹습니다. 내가 먹는 물고기는 당신이 먹는 나무열매보다 훨씬 맛이 있습니다. 그러니 당신이 물속으로 들어와 사는 것이 어떻겠습니까?"

원숭이는 그 말을 듣고 높은 나무 위로 올라앉으며 말했다.

"나는 물고기보다 나무열매가 훨씬 맛있습니다. 그대가 나무 위로 올라오지 않는 한 우리는 함께 살 수 없습니다."

그리하여 거북과 원숭이는 가슴 아파하며 끝내 헤어지고 말았다.

• 출전 : 『생경』 권1 「불설분위비구경」

인간은 결코 이루어질 수 없는 욕망을 안고 살다가 스스로를 고통에 빠트린다. 사람들이 원하는 것은 많지만 그것은 쉽게 이루어지지 않는다.

원하는 것을 얻으려면 먼저 자신의 분수를 알아야 한다. 자신이 발 딛고 있는 곳을 안 다음에야 비로소 한 걸음 더 나아갈 수 있기 때문이다. 분수를 모르는 사람은 스스로의 욕망만 탐할 뿐 타인의 처지를 배려하지 않는다. 마치 배부른 사람이 굶주린 사람에게 왜 맛있는 음식을 먹지 않느냐고 말하는 것과 같다.

자신이 처한 상황을 깨닫지 못하는 사람은 결국 허망한 욕망 때문에 괴롭고, 그 괴로움 때문에 자신의 처지를 원망하며, 마침내는 타인까지 원망하게 된다.

# 가라앉는 섬

 큰 바다거북이 넓은 바다를 헤엄치며 즐겁게 놀고 있었다. 그 거북은 엄청나게 커서 등껍질의 길이와 넓이가 각각 600리나 되었다. 그래서 멀리서 보면 마치 바다에 떠 있는 섬처럼 보였다.

 어느 날, 한 무리의 상인이 수레와 마차를 몰고 해변을 따라 걷다가 해변에 떠 있는 거북의 등을 보았다. 상인 하나가 우두머리 상인에게 외쳤다.

 "날씨가 험해질 것 같으니 저 언덕에서 하룻밤 묵어가는 것이 좋겠습니다."

 우두머리 상인은 하늘에 구름이 몰려오는 것을 보고는 수천 마리의 가축과 함께 거북의 등 위에서 쉬도록 허락했다. 이윽고 해가 저물기 시작하자 상인들은 밥을 짓기 위해 장작불을 지폈다.

 순간 등이 뜨거워진 바다거북은 화들짝 놀라 바다 속으로 헤엄쳐 들어갔다. 상인들은 땅이 움직이기 시작하자 어쩔 줄 몰라 했다. 바닷물이 점점 언덕으로 차오르기 시작하자 상인들은 비명을 지르며 허둥댔다. 하지만 가라앉는 땅을 붙잡을 수는 없는 노릇이었다.

결국 상인과 수천 마리의 가축들은 모두 물에 빠져 죽고 말았다.

- 출전 : 『생경』 권4 「불설별유경」

지금 땅 위에 발을 딛고 있다고 안심하지 말라. 세상은 온통 함정으로 가득 차 있다. 머물지 말고 끊임없이 나아가라. 자칫 발 딛고 있는 땅이 꺼질 수도 있다. 멀리 보라. 그래야 지금 있는 곳이 함정인지 아닌지를 알 수 있다.

# 당나귀는 당나귀다


 넓은 들판에 한 무리의 소 떼가 있었다. 이들은 사이좋게 몰려다니며 맛있는 풀과 깨끗한 물을 나눠먹었다. 그때 한 마리의 당나귀가 소들의 평화스러운 모습을 지켜보고 있었다. 당나귀는 소들의 모습을 부러워하며 이렇게 중얼거렸다.
 "소들은 참 온순하기도 하구나. 서로 다투지 않고 어디서나 연한 풀과 깨끗한 물을 마음껏 먹고 있구나."
 그런 생각을 하게 된 당나귀는 자신도 소들과 어울려 놀고 싶었다. 당나귀는 천천히 소 떼 사이로 걸어 들어갔다. 그러고는 소처럼 앞발을 굽혀 땅을 긁으며 소 울음소리를 흉내 내며 놀았다.
 그러나 당나귀의 입에서 소의 울음소리가 나올 리 없었다. 그럴수록 당나귀는 목청껏 소리쳤다.
 "나는 소다! 나는 소다!"
 아무리 외쳐도 당나귀는 '히히히힝' 소리만 낼 뿐이었다. 곁에 있던 소들이 당나귀를 발견하고는 뿔을 세우고 달려들었다.
 "당나귀야, 넌 당나귀일 뿐이야."

## 소들은 당나귀에게 덤벼들어 뿔로 받아버렸다.

• 출전 : 『불설군우비경』 / 『경률이상』 권47

아무리 흉내를 내려 해도 타고난 본질은 변하지 않는다. 자신의 본성을 인정하고 순응하는 것, 그것이 평탄한 삶이다. 남이 가진 것을 부러워하지 말라. 스스로의 삶에 만족하고, 감사하라. 부러움은 욕망을 낳고, 채워지지 않는 욕망은 결국 절망을 낳는 법이다.

## 부러우면 지는 거야


 어떤 신하가 앵무새 한 마리를 잡아다가 왕에게 바쳤다. 왕이 앵무새의 울음소리를 들어보니 매우 아름다웠다. 왕은 온갖 보석으로 앵무새를 치장하고 침실 곁에 두고는 밤낮으로 아끼며 사랑했다.

 까마귀 한 마리가 궁중에 날아왔다가 왕의 침실에 있는 앵무새를 보았다. 자세히 살펴보니 새 주제에 온갖 보석으로 몸을 장식하고, 날마다 맛있는 먹이를 먹는 것이었다. 까마귀는 앵무새 곁으로 날아가 물었다.

 "네가 왕으로부터 이렇게 총애를 받는 것은 무슨 까닭인가?"

 앵무새가 대답했다.

 "내가 예전에 궁궐 위에 앉아 매일 좋은 소리로 지저귀었더니, 왕께서 나를 사랑하여 언제나 침실에 두고 있단다."

 까마귀는 그 소리를 듣고는 앵무새가 너무나 부러웠다. 까마귀는 앵무새를 질투하며 말했다.

 "네 목소리는 내 목소리에 비하면 가소롭기 짝이 없다. 만약 내가 울면 너보다 훨씬 아름다울 것이며, 왕 또

한 나를 아끼고 사랑할 것이다."

때마침, 왕이 들어와 침대에 누워 잠을 청했다. 까마귀는 이때가 기회라고 생각하고 큰 소리로 울기 시작했다. 그 소리를 들은 왕은 깜짝 놀라 잠에서 깨어났다. 까마귀의 울음소리를 들은 왕은 몸이 오싹하고 온몸의 털이 곤두섰다. 왕은 즉시 신하들을 불러 물었다.

"저 소리가 무슨 소리인가? 저런 기분 나쁜 울음은 처음이구나."

신하가 대답했다.

"저건 까마귀의 울음소리입니다."

"다시는 까마귀가 울지 못하도록 하라."

신하는 급히 군사들을 풀어 까마귀를 잡도록 했다. 군사들이 까마귀를 생포해오자 왕은 까마귀의 털과 깃을 뽑고 멀리 쫓아버리도록 했다. 까마귀는 온몸에 상처를 입고 가까스로 숲으로 돌아왔다. 그러자 모든 새들이 주위에 몰려들어 물었다.

"무슨 일로 이 지경이 되었는가?"

까마귀는 성을 내며 다른 새들에게 대답했다.

"그놈의 앵무새 때문에 이런 화를 당했다."

• 출전 : 『경률이상』 권36

이 세상에 쓸모없는 것은 없다. 존재하는 모든 것은 자기 나름의 장점을 갖고 있기 때문이다. 남의 목소리를 잘 흉내 내는 앵무새는 애완동물로 가치가 있지만, 결국 평생을 조롱 속에 갇혀 지낸다. 까마귀는 비록 사람들의 사랑을 받지 못하지만, 조롱 속에 갇혀 길러지지 않는다. 따라서 남의 처지를 부러워할 이유가 없다.

## 똥 묻은 개가 겨 묻은 개에게

어느 마을에 막대한 재산을 가지고 있는 부인이 있었다. 그녀는 외간남자와 정을 통하게 되자 몰래 집을 나와 그 남자와 다른 나라로 도망치기로 마음먹었다. 이윽고 그녀는 집안에 있던 모든 재산을 챙겨 집을 빠져나왔다.

마을을 빠져나온 두 사람은 한참을 도망치다가 커다란 강 앞에 이르렀다. 그러나 아무리 주위를 둘러보아도 강을 건네줄 뱃사공이 보이지 않았다. 남자가 여자에게 말했다.

"아무래도 헤엄을 쳐서 건너가야겠소. 그러니 일단 그 재물들을 나에게 주시오. 내가 먼저 강을 건넌 다음에 당신을 건네줄 테니까."

여자는 자신이 갖고 있던 모든 재물을 남자에게 건네주었다. 남자가 강물로 뛰어들며 말했다.

"날씨가 더우니 당신은 목욕이나 하고 계시오."

여자가 목욕을 하기 위해 옷을 벗자 남자는 여자의 옷까지 몰래 챙겨 강물을 건너갔다. 그러나 여자는 남자의 속셈도 모르고 강물 속에 뛰어들어 목욕을 하기 시작했다.

한참 물장구를 치고 있자니 남자의 모습이 보이지 않았다. 여자는 큰 소리로 남자를 불렀지만 그는 끝내 나타나지 않았다. 남자에게 속은 것을 알아차린 여자는 오도 가도 못 하는 처지가 되었다.

"나를 속이고 모든 것을 훔쳐가다니, 그나저나 옷마저 가져갔으니 돌아가지도 못하고 어쩌지?"

그녀는 강에서 나와 급히 숲 속으로 몸을 숨겼다. 일단 알몸을 감추는 것이 급선무였기 때문이었다.

그때 여우 한 마리가 길을 가다가 강 옆을 지나게 되었다. 여우는 모처럼 잡은 고깃덩이를 입에 물고 있었는데, 마침 강물에서 물고기가 뛰어오르는 모습이 보였다. 여우는 재빨리 입에 물고 있던 고깃덩이를 내던지고 물고기를 잡으려 강물 속으로 뛰어들었다. 하지만 여우는 물고기를 잡지 못하고 몸만 물에 적시고 말았다.

그 순간, 하늘을 날던 솔개 한 마리가 여우가 내던진 고깃덩이를 물고 어디론가 날아가 버렸다. 숲 속에 숨어 그 모습을 지켜보고 있던 여자가 웃음을 터뜨리며 여우에게 말했다.

"미련한 여우 같으니! 두 가지를 함께 잡으려다 하나도 건지지 못했구나."

그 말을 들은 여우가 눈을 흘기며 비웃었다.

"나는 고깃덩이를 잃었지만 당신은 남자한테 속아 소

중한 재물과 옷, 가족까지 잃지 않았소? 당신이야말로 나보다 몇 배나 어리석소."

• 출전 : 『구잡비유경』 上·20/ 『근본설일체유부비나야잡사』 권29

사람의 욕망은 쉬이 사라지지 않는다. 달리면 서고 싶고, 서 있으면 눕고 싶고, 누우면 자고 싶은 것이 사람의 본성이다. 그리하여 사람은 내 손이 가득 차 있음에도 불구하고, 다른 이의 손에 들어 있는 것을 열망한다.

욕망을 끊으려면 현재에 만족하는 수밖에 없다. 지금 이 순간에 만족하지 못하면, 자신이 지금 갖고 있는 것까지 잃어버릴 수도 있다. 그러나 사람들은 남의 헛된 탐욕에 대해서는 잘 보면서, 스스로의 헛된 탐욕에 대해서는 보지 못한다.

# 머리가 나쁘면 몸이 고생한다

어리석은 사람과 지혜로운 사람이 길을 가다가 큰비를 만났다. 억수 같은 장대비가 쏟아지자 강물이 불어 둑을 무너뜨렸다. 두 사람은 얼른 홍수를 피하여 언덕으로 올라갔다.

마침내 언덕까지 물에 잠기자 두 사람은 물에 휩쓸릴 수밖에 없었다. 그때 하늘에서 커다란 봉황이 날아왔다. 두 사람 중 지혜로운 사람이 먼저 봉황의 날개에 매달려 허공으로 올라갔다. 봉황은 그를 높은 언덕에 내려주었다.

어리석은 사람에게도 홀연히 가마우지 한 마리가 나타났다. 그도 역시 가마우지의 날개에 매달렸다. 하지만 가마우지는 언덕으로 가지 않고 곧장 강물 속으로 들어가 버렸다. 결국 어리석은 사람은 물에 빠져 죽고 말았다.

• 출전 : 『경률이상』 권44

소리가 좋은 새는 나뭇가지를 가려서 앉고, 현명한 사람은 몸을 의탁할 곳을 가려서 머문다.

# 네가 할 일과 내가 할 일


 어떤 나라에 아들을 두지 못한 왕이 있었다. 왕이 나이가 들어 죽음이 가까워오자 대신들의 걱정은 태산 같았다. 왕에게 아들이 없으니 장차 왕위를 이어받을 후손이 끊어질 위기에 처한 것이다.

 왕족 중에 똑똑한 젊은이가 하나 있었는데, 그는 일찍이 산으로 들어가 수행을 하면서 신선이 되고자 하였다. 다급해진 신하들은 산 속에 있던 그를 억지로 데려다가 왕으로 삼았다. 그러나 새로 즉위한 왕은 궁궐의 생활이나 정치에 대해 아무것도 아는 것이 없었다.

 어느 날, 왕이 곁에 있던 신하에게 말했다.

 "날씨가 추우니 내 옷을 가져오너라."

 그러자 신하가 대답했다.

 "저는 전하의 옷을 가져오는 신하가 아닙니다."

 "그럼 어떤 신하인가?"

 "저는 전하의 침구를 준비하는 신하입니다."

 이튿날, 왕은 다시 또 한 사람의 신하에게 말했다.

 "배가 고프니 음식을 차려오너라."

 신하가 대답했다.

"저는 음식을 차려오는 신하가 아닙니다."
"그럼 어떤 신하인가?"
"저는 전하의 목욕물을 관리하는 신하입니다."

- 출전 : 『대장엄론경』 권15 · 84
- 이 이야기는 『안자춘추』에 나오는 안자의 일화와 유사하다. 어느 추운 날, 제나라의 경공이 재상 안자에게 말했다. "날씨가 추우니 따뜻한 음식 좀 가져다주시오." 그러자 안자가 대답했다. "저는 임금께 식사를 갖다 바치는 신하가 아닙니다." "그럼 바닥에 깔 갖옷 좀 가져다주시오." 다시 안자가 대답했다. "저는 임금께 자리나 깔아드리는 신하가 아닙니다." "그럼 선생은 과인에게 어떤 신하란 말이오?" "저는 이 나라의 사직을 지키는 신하입니다."

사람에게는 각자 맡은 일이 있고, 그에게 어울리는 직분이 있다. 예로부터 돼지를 기르는 것은 고기를 얻기 위함이요, 개를 기르는 것은 집을 지키기 위함이요, 말을 기르는 것은 수레를 끌기 위함이요, 소를 기르는 것은 밭을 갈기 위해서다. 따라서 돼지에게 집을 지키게 하고, 개에게 수레를 끌게 할 수는 없다. 그의 천성에 맞지 않는 일이기 때문이다.

# 배울 것과 배우지 말아야 할 것

지속적인 관리의 중요성 | 진작 알았더라면 | 백 살이 넘어 춤을 추는 이유는? | 어미 고양이의 가르침 | 사냥꾼은 없던데요? | 더 안타까운 죽음 | 하나를 보면 열을 안다 | 우유병 안에 든 쥐 | 돈보다 값진 유산 | 지금, 아이들에게 필요한 것은 뭐? | 혼나봐야 정신을 차리지 | 예쁜 짓하는 놈이 예쁘다 | 환경이 미치는 영향 | 좋은 소리도 사흘 밤낮을 들으면 | 아무나 본받으면 안 돼요 | 아버지의 어긋난 사랑 | 배울 것과 배우지 말아야 할 것 | 울 때를 알지 못하는 닭 | 말 한마디도 듣는 귀에 따라 큰 가르침이 된다 | 죽기 전에 가르쳐줘야지 | 순종의 아름다움 | 피는 물보다 진하다

## 지속적인 관리의 중요성


어떤 왕이 사방에 사람을 풀어 천리마를 구해오도록 했다. 신하들은 사방을 돌아다니며 500마리의 좋은 말을 구해 왕에게 바쳤다.

왕은 곧 500마리의 말을 훈련시켜 국경에 배치하였다. 국경의 기병들이 좋은 말을 갖게 되자 이웃나라에서 감히 침입을 하지 못했다.

전쟁이 일어나지 않고 태평성대가 계속 이어지자 왕은 500마리의 말을 관리하는 데 골치를 썩였다. 말을 관리할 병사들도 문제였고, 말을 기르기 위해서는 엄청난 돈이 필요했기 때문이었다.

왕은 수많은 말들을 점차 귀찮게 여기기에 이르렀다. 결국 왕은 고민 끝에 신하들에게 명했다.

"말을 기르려면 엄청난 돈이 필요하다. 그러니 모두 들에 방목하여 스스로 먹이를 먹고 자라게 하도록 하라."

신하들은 국경에 있는 모든 말들을 들로 내몰았다. 말들이 들에 방목되자 백성들이 하나둘 말을 잡아다가 헝겊으로 눈을 가리고 연자방아를 돌리게 했다.

그때 천리마들이 사라진 것을 알게 된 이웃나라가 국

경을 침입했다. 왕은 들에 방목했던 말들을 다시 잡아들이도록 명령했다. 이에 백성들은 연자방아를 돌리던 말들을 모두 왕에게 바쳤다.

전쟁이 시작되자 기병들은 말에 올라탄 채 전쟁터로 나갔다. 기병들이 채찍으로 말 등을 내리치며 외쳤다.

"돌격 앞으로!"

그러나 아무리 채찍을 휘둘러도 말은 앞으로 나아가려 하지 않았다. 눈을 가리고 연자방아를 돌리던 습관 때문에 제자리만 빙빙 돌고 있을 뿐이었다. 결국 병사들의 사기는 꺾이고, 적은 단숨에 아군을 초토화시켰다.

• 출전 : 『중경찬잡비유경』 上·4/ 『대장엄론경』 권15·85

수레를 끄는 말은 굴레를 거북해하지 않고, 전쟁터에서 단련된 말은 적의 창을 두려워하지 않는다. 이는 오랫동안 그렇게 훈련되어 있기 때문이다. 그러므로 목표를 가진 사람은 그에 맞게 늘 훈련되어 있어야 한다. 긴장감을 늦추고 게으름을 피울 때, 그는 자신의 목표를 잊고 예전의 기량조차 발휘하지 못한다.

## 진작 알았더라면

어떤 가난한 노인이 시장에 나가 도끼 한 자루를 샀다. 사실 그 도끼는 보배 중의 보배였다. 노인은 그것도 모른 채 도끼로 땔감을 해서 시장에 팔아 생계를 유지했다.

세월이 흐르자 도끼는 점점 날이 무뎌지고 녹이 슬었다. 한 상인이 그 나라에 왔다가 우연히 그 도끼를 보고는 대단한 보물이라는 것을 알았다. 상인이 노인을 찾아가 말했다.

"그 도끼를 팔지 않겠습니까?"

"이 도끼로 땔나무를 해서 입에 풀칠하고 있는데 어떻게 판단 말이오."

"비단 100필을 주면 파시겠습니까?"

상인의 말에 노인은 깜짝 놀랐다. 도끼 한 자루가 비단 백 필의 가치가 있는 줄은 꿈에도 생각하지 못했던 것이다. 노인은 상인이 자신을 놀리는 줄 알고 아무런 대꾸도 하지 않았다. 그러자 마음이 급해진 상인이 다시 흥정을 하기 시작했다.

"비단 200필을 주면 파시겠습니까?"

노인의 얼굴은 더욱 험악해졌다. 다시 상인이 말했다.

"그럼 500필에 파십시오."

그제야 노인은 자신의 도끼가 보통 도끼가 아니라는 것을 깨달았다. 순간 노인은 땅을 치며 통곡하기 시작했다. 당황한 상인이 물었다.

"왜 우십니까? 비단이 적으면 더 드리겠습니다."

노인이 눈물을 닦으며 대답했다.

"500필의 비단이 적어서 우는 것이 아니오. 내가 어리석은 것이 한심해서 우는 것이오."

"무엇이 어리석단 말입니까?"

"이보시오. 내가 처음 이 도끼를 샀을 때는 길이가 한 자 반이나 되었단 말이오. 그런데 지금은 날이 닳아서 길이가 다섯 치밖에 되지 않소. 겨우 다섯 치짜리 도끼가 비단 500필이라면, 날이 닳지 않았을 때는 그 값이 얼마였겠소?"

• 출전 : 『경률이상』 권44

행운은 먼 과거로부터 쌓아온 업의 결과이다. 오늘 받은 복은 자신이 쌓아놓은 업과 비례한다. 그러므로 현재의 행운에 만족하고 감사할 뿐 지나간 일에 미련을 두지 말라. 괴로울 뿐이다.

# 백 살이 넘어 춤을 추는 이유는?

어떤 마을에 대대로 광대가 되어 살아온 가문이 있었다. 그 집안은 사람들에게 춤과 노래를 선사함으로써 기쁨을 주었고, 또한 그것으로 이름을 얻어 생계를 유지할 수 있었다.

그 집안에 나이가 백 살이 넘은 노인이 있었다. 어느 날, 이웃사람이 그 집 앞을 지나가다 무심코 마당 안을 들여다보았다. 그런데 백 살이 넘은 노인이 마당에 나와 팔을 휘저으며 덩실덩실 춤을 추고 있었다. 가만히 살펴보니 그 주위에는 나이가 지긋한 아들들이 모여 노인의 춤을 지켜보고 있었다.

노인은 제대로 몸을 가누지도 못하면서 열심히 춤을 추었다. 이웃사람이 그 모습을 보고는 웃음을 터뜨렸다. 한편으론 나이 든 아들들 앞에서 우스꽝스런 춤을 추는 노인이 측은해 보이기까지 했다.

한참 동안 그 모습을 지켜보던 이웃사람이 노인에게 다가가 물었다.

"노인은 이미 백 살이 넘었는데, 자식들 앞에서 이게 무슨 추태요?"

그러자 노인은 빙긋이 미소를 지으며 대답했다.

"나는 이제 춤을 출 필요가 없소, 하지만 우리 집안은 대대로 광대로 살아왔소. 내가 춤을 추는 것이 추태인 줄은 알고 있지만, 내 자식들에게 춤을 가르치려면 어쩔 수 없소이다."

• 출전 : 『대지도론』 권10·15

나는 누군가로부터 이어진 것이며, 누군가는 나로부터 이어받는다. 산다는 것은 모진 과정이다. 부모는 내 앞날을 걱정하여 살아가는 방법을 가르치기 위해 애썼고, 나 또한 자식들을 위해 수모를 마다하지 않는다.

이것이 인생이다.

## 어미 고양이의 가르침



 어미 고양이가 여러 마리의 새끼를 낳았다. 새끼 고양이들은 무럭무럭 자라 어느덧 혼자서 먹이를 구해야 할 나이가 되었다. 하지만 그동안 어미의 젖만 먹고 자란 새끼 고양이들은 도대체 무엇을 먹어야 하는지 알 수가 없었다.

 새끼 고양이들이 어미 고양이에게 물었다.

 "이제부터 우리들은 무얼 먹고 살아야 해요?"

 어미 고양이가 사랑스런 눈빛으로 새끼들을 바라보며 말했다.

 "내가 가르쳐줄 필요가 없단다."

 "그럼 누가 가르쳐주나요?"

 "사람들이 가르쳐준단다."

 "어떻게 사람들이 우리가 먹을 것을 가르쳐주나요?"

 "걱정할 것 없다. 우선 집안 곳곳을 돌아다녀 보거라."

 새끼 고양이들은 엄마의 말을 도통 알아들을 수가 없었다. 밤이 되자 새끼 고양이들은 엄마가 가르쳐준 대로 사람들이 사는 집안으로 들어가서 부엌에 몸을 숨겼다. 그때 방안에서 사람의 목소리가 들려왔다.

"우유와 고기는 뚜껑을 잘 덮어놓아야 한다. 그리고 닭이나 병아리는 고양이가 잡아먹지 못하도록 문단속을 잘 하거라."

그 말을 들은 새끼고양이들이 싱글벙글 웃음을 참지 못하며 말했다.

"과연 그렇군. 엄마 말대로 우리가 먹어야 할 것은 사람들이 친절히 가르쳐주는구나!"

• 출전 : 『대장엄론경』 권15·82

먹을 것은 숨기기 좋은 곳에 있고, 진리는 사람들이 다가가기 꺼리는 곳에 있다.

# 사냥꾼은 없던데요?

어미 거북이 갓 알을 깨고 나온 새끼들에게 말했다.

"내가 가지 말라고 하는 곳에는 절대 가지 말아라. 사냥꾼이 숨어 있다가 너희를 잡아 다섯 토막으로 자른단다."

하지만 철없는 새끼들은 어미 말을 따르지 않고 놀러 나갔다가 사냥꾼에게 잡히고 말았다. 다행히 몇몇 새끼는 사냥꾼의 손에서 벗어나 무사히 집으로 돌아올 수 있었다.

어미가 가까스로 목숨을 구한 새끼에게 물었다.

"너는 지금 어디서 오는 것이냐?"

새끼가 대답했다.

"우리들은 서로 손을 잡고 놀러 나갔습니다. 그런데 어머니가 말한 사냥꾼은 어디에도 보이지 않았습니다. 맛있는 먹이가 달린 올가미만 우리 뒤를 계속 따라오더군요."

어미가 한숨을 내쉬며 새끼에게 말했다.

"아, 내가 잘못 가르쳤구나! 그 올가미가 너희들을 따라다닌 것은 꽤 오래된 일이다. 우리의 조상들과 부모님이 모두 그 올가미로 말미암아 돌아가셨단다."

• 출전 : 『경률이상』 권21/ 『출요경』 권15 「이양품」

이 세상에 우리가 모르는 지혜란 없고, 가르침도 없다. 이미 우리는 수천 년 동안 교육받았고, 무엇이 옳고 그른 것인지도 잘 알고 있다. 하지만 이를 실천한 사람은 많지 않다. 거북이 미끼 달린 올가미의 유혹에 쉽게 빠지듯, 우리는 작은 유혹에 너무 쉽게 빠져버리기 때문이다.

# 더 안타까운 죽음

두 명의 아들을 가진 어머니가 있었다. 어느 날, 첫째 아들이 강물을 건너다가 물에 빠져 죽고 말았다. 마을 사람들이 그 어머니를 불쌍히 여기며 위로의 말을 건넸다. 하지만 그녀는 강물만 쳐다볼 뿐 눈물을 흘리지 않았다.

얼마 후 둘째아들도 강물을 건너다가 물에 빠져 죽고 말았다. 그 소식을 들은 어머니는 머리를 풀어헤친 채 통곡을 하기 시작했다. 그러자 마을 사람들이 이상히 여겨 그녀에게 물었다.

"지난번 큰아들이 물에 빠져 죽었을 때는 슬퍼하지 않았는데, 이번에는 왜 이토록 슬피 통곡을 하십니까?"

어머니가 깊이 한숨을 내쉬며 대답했다.

"지난번에 죽은 큰아들은 헤엄을 칠 줄 모릅니다. 그러니 물에 빠지면 죽는 것이 당연하지요. 하지만 둘째아들은 헤엄을 칠 줄 아는데도 물에 빠져 죽었습니다. 그래서 이렇게 슬피 우는 것입니다."

• 출전 : 『경률이상』 권45

헤엄을 배우는 것은 물을 건너기 위해서다. 따라서 헤엄을 배우고도 물을 건너지 못한다면 그것을 헤엄을 배운 것이 아니다. 알고도 행하지 않는다면 그것은 아는 것이 아니다.

## 하나를 보면 열을 안다

 옛날, 어떤 스승 밑에 두 사람의 제자가 있었다. 두 제자는 스승으로부터 도를 배운 후 이웃 나라로 향했다. 두 사람이 한참 길을 걷다가 땅을 바라보니 코끼리의 발자국이 찍혀 있었다.
 제자 한 사람이 그것을 자세히 살핀 후 말했다.
 "이 발자국은 암 코끼리의 것이다. 암 코끼리는 새끼를 배었으나 눈이 멀었을 것이다. 또 어떤 여자가 코끼리를 타고 있는데, 아마 그 여자는 계집아이를 임신하고 있을 것이다."
 그 말을 들은 다른 제자가 깜짝 놀라며 물었다.
 "자네는 어떻게 그것을 아는가?"
 "하나를 보면 열을 아는 것이라네. 만일 믿지 못하겠거든 가서 확인해보세."
 그리하여 두 사람은 서둘러 걸음을 옮겼다. 한참을 달려가니 코끼리 한 마리가 서 있는데 과연 첫 번째 제자가 한 말과 어긋나지 않았다. 또 그 주변을 살펴보니 코끼리가 새끼를 낳은 뒤였고, 그 곁에는 한 여자가 앉아 있었다. 자세히 바라보니 그 여자는 길가에서 방금 계집

아이를 낳은 후 쉬고 있는 중이었다.

두 번째 제자는 그 모습을 확인한 후 탄식하며 말했다.

"저 친구와 함께 스승 밑에서 공부했지만 나는 아직 사물의 이치를 깨닫지 못했구나!"

얼마 후 두 사람은 다시 스승에게로 돌아왔다. 두 번째 제자가 스승에게 아뢰었다.

"우리 두 사람이 함께 길을 가는데, 이 친구는 코끼리 발자국을 보고 여러 가지 이치를 알았지만 저는 알지 못하였습니다. 원컨대 스승님은 저에게도 비법을 가르쳐주십시오."

이야기를 듣고 난 스승은 다른 제자를 불러 물었다.

"너는 어떻게 그것을 알았는가?"

첫 번째 제자가 대답했다.

"스승님께서 늘 말씀하시던 대로 따랐을 뿐입니다. 저는 코끼리가 오줌을 눈 것을 보고 그것이 암놈인 줄을 알았고, 오른쪽 발자국이 깊은 것을 보고 새끼를 밴 줄 알았으며, 길가의 오른쪽 풀이 쓰러진 것을 보고는 오른쪽 눈이 멀었다는 것을 알았습니다."

"그럼 임신한 여인이 있다는 것은 어찌 알았느냐?"

"코끼리가 멈춘 곳에 소변 자국이 있는 것을 보고 그 사람이 여자인 줄을 알았으며, 오른쪽 발자국이 깊은 것을 보고 임신할 줄을 알았습니다."

제자의 대답을 듣고 난 스승이 말했다.

"대개 공부는 깊이 생각해서 통달하는 것이다. 어설프게 해서는 이루지 못하는 것이니, 가르쳤는데도 깊이 깨닫지 못하는 것은 스승의 허물이 아니니라."

• 출전 : 『구잡비유경』 上·19

농부의 자식에게는 쌀을 물려줄 것이 아니라 농사짓는 법을 가르쳐야 하고, 어부의 자식에게는 물고기를 물려줄 것이 아니라 그물치는 법을 가르쳐야 한다.

훌륭한 사냥꾼에게 활을 다루는 기술보다 더욱 중요한 것은 짐승이 머무는 곳을 알고 그것을 찾아내는 기술이다. 따라서 올바로 배우는 이는 스승의 겉모습을 배우는 것이 아니라 그 마음을 꿰뚫는다. 그리하여 훌륭한 제자는 하나를 가르치면 열을 안다.

# 우유병 안에 든 쥐

어떤 농부가 우유를 가득 담은 병을 높은 다락 위에 보관하고 있었다. 그런데 뚜껑을 닫는 것을 깜빡 잊어버려 생쥐 한 마리가 병 속으로 들어가 밤낮으로 그것을 먹었다.

시간이 흐르자 우유는 치즈로 변했고 생쥐는 그것을 먹으며 점점 몸이 커졌다. 마침내 생쥐는 병 주둥이보다 몸이 커져서 빠져 나오지 못하고 죽어버렸다.

얼마 후, 한 상인이 치즈를 사기 위해 농부의 집을 찾았다. 농부는 다락에 있던 병을 가져왔다. 병 속의 쥐는 이미 치즈 속에 녹아버려 흔적도 없이 사라져 버린 뒤였다.

상인이 치즈를 살펴보기 위해 칼로 가운데를 잘라보았다. 순간 상인은 깜짝 놀라 소리쳤다.

"아니, 이건 쥐의 머리뼈가 아니오?"

농부가 자세히 살펴보니 쥐의 머리뼈와 다리뼈가 치즈 속에 흩어져 있었다. 그제야 농부는 한숨을 토해내며 중얼거렸다.

"내가 병마개를 닫지 않아 쥐가 들어가 죽었구나!"

• 출전 : 『출요경』 권6 「무방일품」

늘 자신의 빈틈을 단속하라. 지붕에 빈틈이 있으면 물이 새는 법이다. 재난은 늘 방심을 헤집고 찾아든다.

# 돈보다 값진 유산

어떤 사람이 어린 나이에 아버지를 버리고 집을 떠나 다른 나라를 떠돌아다녔다. 어느덧 세월이 흘러 50여 년이 지났는데도 그는 여전히 초라한 몰골로 세상을 떠돌고 있었다.

그의 아버지는 아들을 찾아 오랫동안 돌아다녔으나 끝내 찾지 못한 채 다른 곳으로 이사를 하게 되었다. 세월이 흐른 뒤 아버지는 엄청난 부자가 되어 있었다.

떠돌이 아들은 일할 곳을 찾아 헤매다가 우연히 본국으로 들어가게 되었다. 그는 마침내 아버지가 이사하여 터를 잡고 있는 도시에 이르렀다. 이제 그의 아버지는 몰라볼 정도로 늙어 있었다. 아들과 이별한 지 50여 년이 지난 터여서 그는 늘 혼자 탄식했다.

"이 많은 재산을 누구에게 물려줄 것인가?"

떠돌이 아들은 품팔이를 하며 이리저리 다니다가 우연히 아버지의 집 앞에 이르렀다. 그러나 그는 아버지의 얼굴을 알아보지 못했다. 더구나 그의 아버지는 화려한 옷을 입은 채 온갖 보석으로 몸을 장식하고 있었다. 오히려 아들은 아버지의 모습을 보고 두려움을 느꼈다.

"저 사람은 아마 왕이거나 왕족일 것이다. 내가 품팔이를 할 곳이 아니구나."

아들은 재빨리 아버지의 집에서 벗어났다. 그러나 아버지는 달랐다. 처음 그의 얼굴을 보는 순간 단박에 아들임을 알아차렸던 것이다. 그는 잠시 생각에 잠겨 있다가 이내 사람을 보내 그를 데려오도록 했다. 하지만 아들은 사람들이 자신을 붙잡으러 오는 줄 알고 잔뜩 겁을 집어먹었다.

"나는 아무 잘못도 없어요. 왜 붙잡아 갑니까?"

아들이 발버둥쳤으나 하인들은 곧 그를 아버지 앞으로 데려갔다. 아버지가 자세히 살펴보니 영락없는 거지 꼴이었다. 아버지는 아들을 향해 말했다.

"네가 싫다면 할 수 없다. 너를 놓아줄 터이니 마음대로 가거라."

아들은 매우 기뻐하며 다른 마을로 들어가 구걸을 하며 목숨을 연명했다. 이 사실을 안 아버지는 두 사람의 하인을 불러 말했다.

"너희는 그 거지에게 가서 품삯을 두 배로 주겠다고 말하라."

"어떤 일을 시킨다고 말할까요?"

"거름치는 일이라고 해라."

두 하인은 즉시 아들에게 달려가 그 말을 전했다. 아

들은 품삯을 두 배로 주겠다는 말에 즉시 아버지에게로 달려왔다. 그날 이후 아들은 아버지의 집에서 거름치는 일을 하기 시작했다.

아버지는 그를 볼 때마다 가엾은 생각이 들었다. 그리하여 아버지는 아들에게 다시 이름을 지어주고 자신의 친아들처럼 대우했다. 그 후 20년 동안 아들은 거름 치는 일을 도맡았다.

이윽고 아버지는 너무 나이가 들어 병에 걸리고 말았다. 죽을 날이 가까워졌음을 깨달은 아버지는 마침내 아들을 불러놓고 이렇게 말했다.

"너는 지금부터 창고를 관리하여라."

아들은 주인의 명령대로 재산과 창고를 관리했다. 그는 욕심을 내지 않고, 충실하게 창고를 관리했다. 그 모습을 본 아버지는 마음이 몹시 흡족했다.

그로부터 얼마 후 아버지는 친족들과 국왕과 대신들을 모두 집으로 초청했다. 초청한 사람들이 다 모이자 아버지는 큰 소리로 말했다.

"이제 모든 진실을 밝히겠습니다. 지금 내 재산을 관리하고 있는 사람은 바로 나의 아들입니다. 이제부터 내가 가진 모든 재산은 아들의 것이오. 20년 동안 거름을 치게 했던 것은 아들이 아직도 방만한 마음을 갖고 있는지 시험하기 위한 것이었습니다."

모여 있던 사람들도 영문을 몰라 두리번거렸다. 아버지는 그동안의 일들을 자세히 털어놓았다. 아들은 그제야 모든 것을 깨닫고 눈물을 흘리며 말했다.

"나는 천한 몸으로 아무것도 탐내는 마음이 없었다. 그런데 이렇게 많은 재물이 내 것이 되리라고 꿈엔들 생각했으랴!"

아들은 그때부터 새사람이 되어 정성껏 아버지를 모셨다.

• 출전 : 『묘법법화경』 권2 「신해품」

자식을 품에 두었을 때는 자식을 제대로 평가할 수 없다. 오직 품에서 벗어나 일정한 거리를 두었을 때에야 자식의 본래 모습이 보인다.

자식을 사랑한다면, 혹독하게 훈련시켜라. 거저 물려주는 재산은 자식에게 오히려 독이 될 수도 있다. 수만금의 유산을 물려주는 것은 책 한 권과 경험을 물려주는 것만 못하다.

## 지금, 아이들에게 필요한 것은 무엇?

 어느 마을에 낡고 커다란 저택이 있었다. 하지만 저택의 출입문은 하나뿐이어서 가족들과 수많은 하인들은 그 문을 통해 출입할 수밖에 없었다.

 그러던 어느 날, 주인이 외출한 사이 갑자기 저택에 불이 났다. 불길은 점점 퍼져 저택은 삽시간에 불길에 휩싸이고 말았다.

 외출에서 돌아온 집주인은 문 밖에 선 채 발을 동동 구르며 불길에 휩싸인 집을 바라보았다. 그때 하인 하나가 다급히 주인에게 달려와 외쳤다.

 "도련님들이 빠져나오지 못했어요! 아직도 집 안에 갇혀 있습니다."

 그 말을 들은 주인은 자식들을 구하기 위해 곧장 불길 속으로 뛰어들었다. 집 안에서는 철없는 아이들이 불이 난 줄도 모르고 장난감 놀이에 정신이 팔려 있었다. 다급해진 주인은 집 안을 돌아다니며 아이들을 향해 힘껏 소리쳤다.

 "얘들아, 지금 우리 집은 불에 휩싸여 있다! 어서 나오너라!"

하지만 아이들은 아버지의 간절한 외침에도 아랑곳하지 않고 여전히 놀이에 빠져 있었다. 아버지는 점점 마음이 조급해졌다. 30명이나 되는 아이들을 끌고 나올 수도 없는 노릇이고, 더구나 밖으로 나갈 수 있는 출입문은 하나밖에 없었다.

"불이야, 불! 타 죽기 전에 어서 나오너라!"

아버지는 열심히 소리쳤지만 아이들은 멀뚱멀뚱 아버지의 얼굴만 바라볼 뿐이었다.

"거짓말 마세요. 장난감을 갖고 놀지 못하게 하려고 그러는 거죠?"

아버지는 더욱더 초조해졌다. 연기가 스며들고 있는데도 아이들은 바닥에 흩어져 있는 장난감을 찾기 위해 뛰어다녔다. 조금만 더 지체한다면 아이들은 물론 자신까지 불에 타 죽을 것만 같았다.

이윽고 아버지는 한 가지 꾀를 생각해냈다.

"얘들아, 아버지가 뭘 사가지고 온 줄 아니? 너희들은 아마 처음 보는 장난감일 거야. 자, 문 밖에 갖다 놨으니까 어서 가져가거라."

이리저리 장난감을 찾아다니던 아이들의 시선이 일제히 문 밖으로 향했다.

"정말이에요?"

한 아이가 재빨리 방에서 나오자 다른 아이들도 우르

르 뛰어나왔다. 아이들은 서로 앞을 다투어 좁은 출입문을 빠져나왔다.

• 출전 : 『묘법연화경』 권2 「비유품」

사람이 처한 상황에 따라 말을 하는 방식도 달라진다. 농부에게는 농부의 언어가 있고, 학자에게는 학자의 언어가 있으며, 군대에서는 군대의 언어가 있다. 만일 농부의 언어를 가지고 학자를 설득한다거나, 학자의 언어를 가지고 군인을 설득하려 한다면 이는 몹시 어리석은 일이다.

우리는 인생을 살면서 수없이 남을 설득하고, 혹은 남에게 설득 당한다. 그러므로 설득의 기술을 갖는다는 것은 매우 중요하다. 남을 설득하려면 먼저 상대방의 언어와 그가 처한 상황을 이해해야 한다. 상대방의 눈높이로 돌아가 그를 이해하지 못한다면, 아무리 고상한 언어라 할지라도 공염불일 뿐이다.

## 혼나봐야 정신을 차리지

유명한 의사가 있었다. 그는 훌륭한 처방과 약을 지어 병자들을 치료함으로써 사람들로부터 명의(名醫)라는 칭송을 받았다. 그에게는 많은 아들이 있었다.

어느 해, 그는 볼일이 있어 이웃나라로 향했다. 그런데 그가 집을 비운 사이 여러 아이들이 독약을 잘못 마시고 병이 들어 쓰러졌다. 마침 의사가 집에 돌아와 보니 아이들은 제정신이 아니었다. 의사는 자식들의 고통을 보고 좋은 약초를 모아 약을 지었다.

"이것은 내가 만든 해독제이다. 너희들이 먹으면 금세 나을 것이다."

아이들 중에는 온몸에 독기가 퍼져 정신을 잃은 아이도 있었고, 다행히 먹은 독약이 적어 정신을 잃지 않은 아이도 있었다. 정신을 잃지 않은 아이들은 아버지가 지어준 약을 먹고 금세 병이 나았다. 하지만 정신을 잃은 아이들은 아버지의 약을 의심하면서 끝내 먹지 않았다.

아무리 권해도 약을 먹지 않는 것을 보자 그는 참담한 기분이 들었다. 고민 끝에 아이들을 불러놓고 말했다.

"나는 이제 늙고 쇠약하여 곧 죽게 될 것이다. 약을

여기에 남겨 둘 테니 더 이상 약효를 의심하지 말거라."

그는 아들들에게 그렇게 말한 후 몰래 이웃나라로 향했다. 그러고는 사람을 고향에 보내 이렇게 전하도록 했다.

"그대들의 아버지는 다른 나라에서 이미 죽었소."

아버지가 죽었다는 소식을 들은 아들들은 슬픔에 잠겼다. 이제 그들에게는 의지할 만한 것이 아무것도 없었다. 그제야 병이 낫지 않은 아들들은 아버지가 남겨놓은 약을 마시며 말했다.

"이제 우리가 의지할 만한 것은 이 약밖에 없다."

아들들은 모두 약을 마시고 병이 나았다. 그 소식을 들은 아버지는 급히 집으로 돌아왔다. 죽은 줄로 알았던 아버지가 돌아오자 아들들은 모두 기뻐하며 아버지를 공경하고 받들었다.

• 출전 : 『묘법연화경』 권5 「여래수량품」

마음을 잃은 사람은 가까이 있는 사람의 충고도 믿지 않는다. 자식들이 그렇다. 아무리 좋은 충고도 어린 자식들에게는 귀찮은 잔소리로 들릴 뿐이다. 아직도 자신이 누군가의 보호를 받고 있음을 알지 못하기 때문이다.

따라서 진정으로 자식을 사랑하는 사람은 자식을 둘러싸고 있는 보호막을 일시에 거둬들인다. 보호막이 사라졌을 때 비로소 자식들은 자신을 둘러싸고 있던 보호막이 얼마나 소중한 것인가를 깨닫게 되는 것이다. 그리하여 훌륭한 부모는 먼저 자식에게 시련을 주고, 그 시련의 의미를 깨달을 때까지 기다린다.

## 예쁜 짓하는 놈이 예쁘다


 훌륭한 천리마를 가진 사람이 있었다. 그가 기르는 천리마는 처음부터 명마는 아니었다. 천리마가 되기 전, 그 말은 사납고 거칠어서 사람이 타려고 하면 앞발을 들거나 뒷발질을 해서 좀체 길을 들일 수가 없었다. 더구나 일단 날뛰기 시작하면 논과 밭을 미친 듯이 달려 곡식을 망치거나 벽을 무너뜨리곤 했다.

 주인은 그 말이 하도 괘씸하여 날마다 채찍질을 하고 먹이와 물도 제대로 주지 않았다. 말은 굶주림과 목마름에 발버둥칠 수밖에 없었다. 그러던 어느 날 주인이 말 곁에 와서 중얼거렸다.

 "이놈은 품종이 좋은데 성질이 나빠. 내 말만 잘 따르면 훌륭한 말이 될 수 있을 텐데."

 그 말을 들은 말은 커다란 충격을 받았다. 이튿날부터 그 말은 주인의 말에 잘 따르고 성질도 얌전해졌다. 그리하여 안장을 걸치고 주인이 말고삐를 움직이는 대로 달렸다. 이에 주인은 날마다 맛있는 먹이와 물을 주면서 늘 아껴주었다. 좋은 먹이를 먹자 말은 금세 기운을 회복하여 천하의 명마가 되었다.

세월이 흘러 천리마는 두 마리의 새끼를 낳았다. 하지만 두 마리의 망아지는 천리마가 예전에 그랬던 것처럼 성질이 거칠었다. 그러자 주인은 채찍으로 때리고 먹이도 주지 않았다. 망아지들이 먹을 수 있는 것이라곤 썩은 풀과 더러운 물뿐이었다. 망아지는 주인을 원망하기 시작했다.

어느 날 밤, 주인의 학대를 견디다 못 한 망아지들은 몰래 어미를 찾아가 하소연했다.

"주인은 우리들을 미워하고 있어요. 날마다 냄새나는 풀과 입에 댈 수도 없는 더러운 물만 줍니다. 게다가 뼈가 부러질 만큼 매질을 해대니 도저히 견딜 수가 없어요. 그런데 엄마는 늘 좋은 먹이를 먹고 매질도 당하지 않습니다. 이렇게 불공평한 일이 어디 있어요?"

하소연을 들은 어미 말이 자식들을 타이르며 말했다.

"누구도 원망하지 말거라. 너희들이 고통을 당하는 것은 너희들 탓이다."

"우리 탓이라고요?"

"그렇단다."

"그럼 어떻게 해야 하죠?"

"아주 쉬운 일이다. 주인님이 고삐를 잡고 안장을 놓아주면 조용히 기다렸다가 명령대로 움직이면 된다."

망아지들은 다음날부터 주인의 뜻대로 움직였다. 그러

자 주인은 어미 말과 똑같이 충분한 음식과 사랑을 베풀어주었다.

• 출전 : 『생경』 권4 「불설마유경」

스스로를 제어할 줄 모르는 사람은 남의 손을 빌려 자신을 통제할 수밖에 없다. 자신을 다스리지 못해 얻어지는 결과는 구속뿐이다.

# 환경이 미치는 영향

어떤 왕이 한 마리의 흰 코끼리를 기르고 있었다. 코끼리는 힘이 좋고 용맹하여 전쟁터에 나가면 파죽지세로 적군을 물리쳤고, 중죄인을 처형할 때는 발을 들어 순식간에 밟아 죽였다.

그러던 어느 날, 코끼리가 머물던 우리에 불이 났다. 코끼리 우리가 모두 타버리자 왕은 코끼리를 사원 근처로 옮겼다. 사원에서는 늘 스님들의 독경 소리와 염불 소리가 들려왔다.

코끼리는 밤낮으로 독경 소리를 들었기 때문에 조금씩 감화되어 마음이 온순하여지고 자비심도 갖게 되었다. 그때 왕은 한 사람의 사형수를 처형하기 위해 그를 코끼리 앞으로 데리고 왔다. 하지만 코끼리는 사형수를 보자 자비심이 일어나 차마 그를 밟아 죽일 수가 없었다. 코끼리는 코끝으로 죄수의 몸을 핥더니 이내 자리를 피해버렸다.

왕이 이상히 여겨 신하들에게 물었다.

"대체 어찌 된 일이냐?"

신하 한 사람이 대답했다.

"코끼리를 메어둔 근처에 사원이 있습니다. 코끼리는 날마다 독경 소리를 듣고 자비심을 가진 게 분명합니다."

"그럼 어떻게 하면 옛 본성을 되찾게 할 수 있겠느냐?"

"도살장 근처에 데려다 놓으면 본성이 바뀔 것입니다."

왕은 즉시 신하의 의견을 받아들여 코끼리를 도살장 근처로 끌고 가서 매어 놓았다. 그 후 코끼리는 날마다 사람과 짐승을 베어 죽이고, 가죽을 벗기는 잔인한 광경을 보았다. 그러자 코끼리는 자비심을 잃어버리고 다시 악한 마음을 갖게 되었다.

그리하여 왕이 사형수를 데려가자 코끼리는 그자를 참혹하게 밟아 죽였다.

• 출전 : 『부법장인연전』 권6

흰 천을 먹에 가까이하면 검은 물이 들고, 인주에 가까이하면 붉은 물이 든다. 사람도 이와 같다. 그리하여 맹자의 어머니는 아들이 있어야 할 곳을 찾기 위해 세 번이나 이사를 했다. 주위 환경이 사람의 미래를 결정한다. 모름지기 사람은 있어야 할 자리를 신중히 가려야 하는 것이다.

## 좋은 소리도 사흘 밤낮을 들으면

어느 나라에 뛰어난 음악 연주자가 있었다. 어느 날, 연주자는 그 나라에서 가장 재물이 많은 부자를 찾아가 말했다.

"저는 아름다운 음악을 연주하는 재주를 갖고 있습니다. 저의 재주를 발휘하여 아름다운 음악을 들려드릴 터이니 소 한 마리만 나눠주십시오."

그러나 부자는 소를 주고 싶은 마음이 조금도 없었다. 부자는 한 가지 꾀를 내어 연주자에게 말했다.

"만일 그대가 밤낮으로 쉬지 않고 1년 동안 음악을 연주한다면 소원대로 해주겠다."

연주자가 대답했다.

"알겠습니다. 하지만 1년 동안이나 음악을 들을 수 있겠습니까?"

"가만히 앉아서 듣는데 뭐가 힘들겠느냐?"

부자는 흐뭇한 표정을 감출 수가 없었다. 연주자는 며칠을 연주하다가 곧 쓰러질 것이고, 그렇게 되면 며칠 동안만큼은 공짜로 아름다운 음악을 들은 것이 되기 때문이었다.

그날 이후 연주자는 정성을 다해 사흘 밤낮을 쉬지 않고 열심히 연주했다. 부자는 음악을 들으면서 콧노래를 흥얼거리기도 하고 어깨를 들썩이기도 했다. 하지만 똑같은 음악이 사흘 밤낮 동안 흘러나오자 부자는 점점 짜증이 나기 시작했다. 가만히 앉아 있어도 몸이 뒤틀리고 머릿속도 혼란스러웠다.

견디다 못 한 부자는 싫증을 내며 연주자에게 말했다.
"소 한 마리를 줄 터이니 제발 내 집에서 나가라!"

• 출전 : 『잡비유경』 (도략 集)4

아무리 좋은 소리도 반복해서 들으면 싫증이 나는 법이다. 하물며 나쁜 소리는 오죽하겠는가? 잔소리는 한 번이면 족하다.

## 아무나 본받으면 안 돼요

짐승을 잘 다루는 사람이 있었다. 그에게는 좋은 말 한 마리와 나귀 한 마리가 있었다. 그는 말을 부리면서도 늘 나귀를 뒤에 따라다니게 했다. 또한 먹이를 먹고 물을 마실 때에도 나귀로 하여금 항상 좋은 말 옆에 있도록 했다.

이윽고 세월이 흐르자 나귀는 말처럼 변했다. 말이 백 리를 달리면 나귀도 백 리를 달렸고, 말이 천 근의 수레를 끌면 나귀도 천 근의 수레를 끌었다. 그러자 나귀의 생김새도 말처럼 기품 있고 의젓하게 변해 갔다. 울음소리는 물론이고 털의 빛깔이나 몸의 생김새도 흡사 말과 같았다.

얼마 후 말이 죽어버리자 주인은 나귀에게 말했다.

"비록 말이 죽었지만 너는 말을 본받았으니 조금도 모자람이 없다."

주인은 말 대신 나귀를 끌고 다녔다. 그러나 주인은 나귀도 곧 나이가 들어 죽어버릴까 걱정하였다. 그는 다른 나귀 한 마리를 사서 뒤를 따르게 했다.

"너를 따라다니면서 저 촌뜨기도 곧 너처럼 될 것이다."

과연 세월이 흐르자 주인의 예상은 딱 맞아떨어졌다. 앞의 나귀가 백 리를 가면 뒤의 나귀도 백 리를 갔고, 앞의 나귀가 천 근의 수레를 끌면 뒤의 나귀도 천 근의 수레를 끌었다.

 하지만 뒤의 나귀는 말처럼 기품 있게 자라지 못했다. 비록 힘은 세었지만 나귀의 울음소리와 모습은 여전히 촌스러웠다.

• 출전 : 『생경』 권5 「불설비유경」

말을 따라 배운 당나귀는 비록 말이 될 수는 없지만, 말의 기품을 닮아갈 수는 있다. 그러나 당나귀를 따라 배운 당나귀는 말의 기품을 닮을 수 없다. 그가 보고 배운 것이 당나귀의 품성이기 때문이다.

# 아버지의 어긋난 사랑


옛날 큰 부자에게 두 명의 아들이 있었다. 그는 아들에게 각각 2백만 냥을 주어 장사를 하도록 했다. 그런데 큰아들은 그 돈을 노름으로 다 써버리고 거지가 되어 돌아왔다. 아버지가 그 모습을 보고 큰아들에게 말했다.

"네가 무사히 돌아왔으면 다행이지, 그깟 재물이 무슨 소용이겠느냐."

그러고는 큰아들에게 새 옷을 주고 진수성찬을 차려주었다. 그때 작은아들은 아버지가 준 돈으로 다시 200만 냥을 벌어 돌아왔다.

그러자 아버지가 작은아들에게 말했다.

"장부를 가져오너라."

아버지는 작은아들의 장부를 살피다가 약간의 돈이 차이가 나는 것을 발견했다. 이에 아버지는 작은아들을 세워놓고 호되게 종아리를 쳤다.

이후 작은아들은 장사에 성공하여 600만 냥의 이익을 올렸으나 집에 돌아올 때마다 번번이 종아리를 맞았다. 하지만 큰아들은 오히려 600만 냥의 돈을 탕진하고도 집에 돌아오지 않은 채 건달들과 어울렸다.

어느 날, 큰아들이 건달에게 말했다.

"우리 아버지는 집안의 보물들을 큰 평상 밑에 숨겨놓았소. 당신이 우리 집에 찾아가 아버지를 죽이고 그 보물을 가져오시오. 그러면 우리 둘이 함께 나눕시다."

건달은 그 말을 듣고 부자를 찾아갔다. 부자는 큰아들이 오지 않은 것을 슬퍼하면서 건달에게 말했다.

"재물이 다 무슨 소용인가? 대체 내 아들은 왜 오지 않는가?"

건달은 슬퍼하는 부자의 모습을 보고 가슴이 아팠다. 그리하여 그는 사실대로 고백했다.

"당신의 아들은 나쁜 짓을 하느라 돈을 다 탕진했습니다. 저에게 당신을 죽이고 보물을 훔쳐오게 했습니다. 아들을 그리워하는 아버지의 정을 보고 차마 나쁜 짓을 저지를 수 없어 이렇게 고백하는 것입니다."

그러자 부자가 말했다.

"그래도 큰아들을 버릴 순 없소. 작은아들은 아직도 어리석어 가끔씩 셈을 틀립니다. 어서 큰아들을 데려오시오."

건달은 그 말을 듣고 큰아들을 데려왔다. 부자는 큰아들을 반갑게 맞으며 말했다.

"너는 돈을 탕진했으면 빨리 돌아올 것이지, 무엇 때문에 어리석은 생각을 했던 게냐?"

그런 다음 부자는 큰아들에게 새 옷을 입히고 진수성찬을 차려주었다.

• 출전 : 『경률이상』 권44

자식에 대한 편애는 훗날 원망을 키운다. 자식에게 무조건 베푸는 것은 사랑이 아니다. 자식의 인생을 망치고 싶다면 무조건 감싸 안아라. 그러나 자식이 올바르게 자라길 원한다면 기꺼이 회초리를 들어야 한다.

## 배울 것과 배우지 말아야 할 것

왕의 마부 중에 다리를 저는 사람이 있었다. 그는 왕이 타고 다니는 천리마 한 필을 길들이고 있었는데, 그 말은 마부가 이끄는 대로 움직였다.

어느 날, 말이 마부의 걸음걸이를 자세히 살펴보았는데 그는 한쪽 발을 절며 절뚝절뚝 걸어가는 것이었다. 그것을 본 말은 혼자 생각에 잠겼다.

"저 사람은 나를 길들이며 모든 것을 가르쳐준다. 분명 저 사람이 발을 절뚝거리는 어떤 이유가 있을 것이다. 그러므로 나는 저 사람의 걸음걸이를 본받아야 한다."

이튿날부터 말은 마부의 걸음걸이를 흉내 내며 절뚝거렸다. 그 모습을 본 왕이 수의사를 불러 물었다.

"내 말이 왜 다리를 저는가? 무슨 병에 걸린 것인가?"

수의사는 마구간으로 달려가 말의 상태를 살펴보았다. 그는 말에 이상이 없음을 알고 다시 왕에게 와서 말했다.

"말에게는 아무 문제도 없습니다."

왕은 걱정스럽게 물었다.

"그럼 대체 무엇이 문제란 말인가?"

"말을 관리하는 마부가 문제입니다. 마부를 바꾸면 말은 원래대로 돌아올 것입니다."

왕은 곧 마부를 바꾸었고, 말은 본래의 걸음걸이를 되찾았다.

• 출전 : 『본생경』 184

찌그러진 거울에 얼굴을 비추면 얼굴 또한 찌그러져 보인다. 어른과 스승의 일거수일투족은 아이와 제자들의 거울이 된다. 그러므로 부모와 스승은 자신의 행동에 어긋남이 없는지 늘 살펴야 한다. 자식과 제자는 부모와 스승을 보고 따라 배우기 때문이다.

# 울 때를 알지 못하는 닭

 어떤 도시에 제자들을 가르치는 스승이 있었다. 제자들은 마당에 수탉 한 마리를 기르면서 그 우는 소리를 듣고 아침에 깨어 공부에 열중했다.
 "저 닭이 시간에 맞춰 우는 덕분에 우리가 제시간에 일어나 공부할 수 있으니 얼마나 고마운 일인가?"
 제자들은 이렇게 생각하며 닭을 정성스럽게 보살폈다.
 하지만 무엇을 잘못먹었는지 수탉이 갑자기 죽고 말았다. 그 바람에 제자들은 기상 시간에 잠에서 깨어나지 못해 스승으로부터 꾸중을 들었다. 제자들은 다른 닭을 구하러 이곳저곳을 돌아다녔다.
 어떤 제자가 묘지의 숲에서 닭 한 마리를 발견하고는 닭을 데려와 길렀다. 하지만 묘지에서 자란 닭은 어느 때 울어야 하는지를 알지 못했다. 묘지 주변은 밤낮으로 사람들이 몰려와 불을 밝힌 채 장사를 지냈기 때문이었다.
 그 닭은 시도 때도 없이 울어댔다. 어느 날은 한밤중에 닭이 울자 제자들이 모두 잠자리에서 일어나 공부를 시작했다. 하지만 그들은 해가 뜨자마자 졸려서 오히려 공부에 방해가 되었다. 또 어떤 날은 닭이 한낮에 울었기 때문에 도무지 정신을 집중할 수가 없었다.
제자들은 마침내 닭의 목을 졸라 죽여버렸다.

• 출전 : 『본생경』 119

머물고 있는 주변 환경이 그의 인생을 좌우한다. 늑대의 무리에서 자란 강아지는 스스로를 늑대라 여기고, 여우의 무리에서 자란 개는 스스로 여우라 여긴다. 자라난 환경에 따라 타고난 품성까지 달라지는 것이다.

## 말 한마디도 듣는 귀에 따라
   큰 가르침이 된다


 무척 게으른 사람이 있었다. 그는 게으름을 피우다가 가지고 있던 재산마저 모두 잃고 거지 신세가 되었다. 그가 고생하는 것을 본 한 친구가 그에게 금 천 냥을 주면서 말했다.
 "자네는 게으른 것이 문제일세. 이 돈으로 다시 생업을 일으켜보게."
 금 천 냥을 받아든 게으른 사내는 친구에게 다짐하며 말했다.
 "고맙네. 이제 게으름 피우지 않고 열심히 일하겠네."
 그러나 그는 친구 앞에서의 맹세에도 불구하고 또다시 방탕한 생활을 하며 금 천 냥을 모두 탕진하고 말았다. 그가 초라한 몰골로 다시 친구를 찾아갔을 때, 친구가 타이르며 말했다.
 "친구여, 저기를 보게. 문 앞에 생쥐 한 마리가 죽어 있지 않은가? 만일 성실하고 똑똑한 사람이라면 저 죽은 생쥐 한 마리를 가지고도 돈을 벌 수 있다네. 그런데 자네는 천 냥의 돈을 가지고도 곤궁한 생활을 벗어나지 못했으니 내 충고가 무슨 소용이 있겠나? 다시 천 냥을 빌려줄 터이니 이번에는 반드시 성공하게."

마침 한 사람의 거지가 그 집 앞을 지나다가 친구가 하는 말을 들었다. 거지는 그 말을 듣고 문득 감동을 받았다. 거지는 모르는 척 그 앞을 지나치며 돌아오는 길에 죽은 생쥐 한 마리를 주웠다.

'이 생쥐로 어떻게 돈을 번다는 거지?'

거지는 갖가지 궁리 끝에 죽은 생쥐를 들고 이웃에 있는 술집을 찾아가 주인에게 말했다.

"이 집에는 쥐를 잡는 고양이가 있습니다. 제가 죽은 생쥐를 그 고양이에게 줄 터이니 한 푼만 주십시오."

거지는 술집 고양이에게 먹이를 주고 한 푼을 얻었다. 이후 그는 한 푼으로 사탕 물을 사서 병에 넣어 음료수를 만들고, 그것을 꽃집 주인에게 주고 꽃을 얻었으며, 다시 꽃을 팔아 나무를 샀다. 그런 다음 나무를 옹기장이에게 팔고 그 돈을 밑천 삼아 큰돈을 벌었다.

거지는 부자가 된 다음 자신에게 깨달음을 준 사람을 찾아가 은혜에 보답하기로 했다. 그는 은으로 커다란 생쥐를 만들고 그 안에 갖은 보물을 넣어 그 집을 찾아갔다. 그가 선물을 건네자 부자는 깜짝 놀라며 물었다.

"이게 무엇이오?"

"저는 한때 거지였습니다. 어느 날 이 집 앞을 지나다가 당신이 친구에게 하는 말을 들었습니다. 당신이 말하기를, 부지런한 사람은 죽은 생쥐 한 마리를 가지고도 돈을 벌 수 있다고 했지요. 저는 그 말을 듣고 행동으로 옮겨 오늘날 이렇게 큰 부자가 되었습니다. 그래서 선물을 들고 찾아온 것입니다."

그로부터 자초지종을 알게 된 부자는 감탄하면 말했다.
"당신은 정말 가르친 보람이 있는 사람이군요."

부자는 딸을 거지에게 시집보내고 모든 재산을 물려주었다.

• 출전: 『본생경』 4/ 『육도집경』 권3 『불설사성경』 / 『근본설일체유부비나야』 권32

친구와의 우정을 끊고 싶다면 돈을 빌려주어라. 친구의 우정을 확인하고 싶어도 돈을 빌려주어라. 또한 친구의 인품을 확인하고 싶어도 돈을 빌려주면 된다. 물론 우정은 돈으로 살 수 없다. 그러나 돈 문제조차 해결하지 못하는 우정은 우정이 아니다.

사람을 돈으로 평가할 수는 없다. 하지만 돈을 다루고, 돈을 쓰고, 돈을 버는 과정을 보면 그 사람의 성품을 알 수 있다. 천 냥의 금을 가지고 있어도 아무런 소용이 없는 사람이 있고, 한마디 충고로 천 냥의 금을 대신할 수 있는 사람도 있다.

## 죽기 전에 가르쳐줘야지


어느 마을에 사람들 앞에서 춤을 추고 노래를 부르며 살아가는 광대가 있었다.

어느 날, 도시에서 화려한 축제가 벌어졌다. 광대는 아내와 함께 도시로 들어가 춤을 추고 노래를 부르며 돈을 벌었다. 축제가 끝나자 그는 많은 음식과 돈을 가지고 집으로 향했다. 집으로 가려면 넓은 강을 건너야 했다.

광대는 강가에 이르러 한참 동안이나 강물을 바라보며 술을 마셨다. 이윽고 해가 저물자 그는 취해버리고 말았다. 광대는 비파를 목에 걸고 강물을 건너기 시작했다.

광대는 강물에 비파를 띄운 후 그것을 붙잡고 헤엄치기 시작했다. 그러나 곧 비파 속으로 물이 스며들어 점점 가라앉기 시작했다. 술을 마시지 않은 아내는 재빨리 헤엄쳐 강물에서 벗어났다. 하지만 술에 취한 광대는 빠져나오지 못하고 몸만 버둥거릴 뿐이었다.

마침내 광대가 물에 잠겨 거의 죽어가자 아내가 소리쳤다.

"당신이 없으면 나는 어떻게 살아요? 죽으려면 노래라도 가르쳐 주고 죽어야지요!"

그 소리를 들은 광대가 아내를 향해 외쳤다.

"내가 죽어가는 마당에 어찌 노래를 가르쳐줄 수 있겠소?"

• 출전 : 『본경』 432

사람의 욕심이라는 게 이렇다. 생사의 바다에 떠내려가는 사람 앞에서도 우리는 앞으로 먹고살 일을 걱정한다. 급한 것은 물에 빠진 사람을 빨리 건져내는 것이다.

## 순종의 아름다움

 기이한 술법을 좋아하는 사람이 있었다. 그는 스승이 가르치는 것을 단박에 깨달았지만 그가 배운 술법은 아직 스승에게는 미치지 못하였다.

 어느 날, 스승은 밖에 나갔다가 손님을 만나 술에 취해서 돌아왔다. 스승은 몸을 가누지 못하고 평상에 걸터앉았는데, 순간 평상의 다리가 부러지고 말았다. 그러자 제자는 재빨리 몸을 평상 밑으로 디밀어 그것을 떠받쳤다.

 그런 줄도 모르고 스승은 평상에 넘어져 곧 잠이 들었다. 제자는 평상 밑에서 몸을 빼면 스승이 바닥으로 떨어질까 싶어 몸으로 평상을 받친 채 한 밤을 지냈다.

 이윽고 새벽이 되자 스승이 술에서 깨어났다. 지그시 눈을 뜨자 제자가 평상 밑에 몸을 밀어 넣은 채 꾸벅꾸벅 졸고 있는 모습이 보였다. 깜짝 놀란 스승이 제자에게 물었다.

 "거기서 뭘 하고 있는 게냐?"

 제자가 고통을 참아내며 스승에 대답했다.

 "스승님께서 어제 술에 취해 평상에 걸터앉으셨는데,

그만 평상 다리가 부러지고 말았습니다. 그래서 제가 몸으로 이 평상을 떠받치고 있는 것입니다."

그 말을 들은 스승은 제자의 정성에 감동하여 이렇게 말했다.

"나의 술법을 모두 너에게 가르쳐도 조금도 아깝지 않으리."

그날 이후 스승은 자신의 술법을 모두 제자에게 전수해주었다. 그런 다음 스승은 제자를 불러 말했다.

"이제 한 가지만 전수하면 너는 나의 모든 것을 배우게 된다."

스승은 소금물을 마셨다가 땅에 토해내며 말했다.

"자, 내가 토한 것을 먹어야 한다."

제자는 조금의 망설임도 없이 몸을 굽히고 스승이 땅에 토해낸 것을 핥으려 했다. 그때 스승이 제자의 몸을 일으키며 말했다.

"그만두라. 너는 이미 모든 것을 얻었느니라."

• 출전 : 『출요경』 권12 「신품」

배우는 자는 마땅히 순종해야 한다. 배울 때 건방을 떠는 자는 스승으로부터 아무것도 전수받을 수 없다. 순종의 미덕을 아는 자는 이미 스승이 가진 것의 절반을 가진 것이나 다름없다.

## 피는 물보다 진하다

친구들과 어울리기를 좋아하는 사람이 있었다. 그는 친구들에 대한 애정이 각별해서 늘 친구와 더불어 의논할 뿐 가족들과는 말도 하지 않았다.

그러던 어느 날, 그는 술을 마신 후 실수로 사람을 죽이는 죄를 범했다. 정신을 차린 그는 고민을 하다가 가장 친한 친구의 집으로 달려가 말했다.

"나 좀 숨겨주게. 내가 그만 실수로 사람을 죽이고 말았네. 금방 포졸들이 달려올 테니 나를 좀 숨겨주게."

친구의 얼굴에는 당황하는 기색이 역력했다. 잠시 생각에 잠겨 있던 친구가 그를 꾸짖으며 말했다.

"어찌 그런 죄를 저질렀는가? 어서 돌아가게. 내가 자네를 숨겨주면 반드시 나에게도 죄를 물을 걸세."

가장 친한 친구에게 쫓겨난 그는 여러 벗들의 집을 찾아갔지만 아무도 받아주는 사람이 없었다. 실망한 그는 어깨를 축 늘어뜨린 채 집으로 향했다.

이미 가족들은 그가 살인을 저지르고 도망갔다는 사실을 알고 있었다. 집에 도착한 그는 부모와 형제들 앞에 무릎을 꿇고 자신이 지은 죄를 사실대로 고백했다.

그러자 부모와 형제들은 그를 위로하며 말했다.

"네가 죄를 저지른 데는 반드시 그만한 사정이 있었을 것이다. 우선 몸을 숨기고 나서 대책을 구하는 것이 좋겠다."

가족들은 곧 살림을 모두 버리고 그와 함께 다른 나라로 향했다.

• 출전 : 『출요경』 권23 「니원품」

끝까지 나를 지켜줄 사람은 부모형제뿐이다. 좋은 친구는 10년을 가기 어렵지만 피붙이는 평생의 보호자이다.

# 냉장고에 코끼리 넣기

내가 제일 어른이야 | 내가 대접받고 싶으면 | 냉장고에 코끼리 넣기 | 너만 속일 줄 아니? | 정신만 차리면 산다 | 도대체 누가 미친 거야? | 그 말을 믿으라고? | 불씨를 얻으려면 | 두 번 잃어버린 돈 자루 | 왕을 상대한 젊은 도둑의 꾀 | 잠을 자지 않는 왕 | 도둑이 제 발 저리다 | 훌륭한 지도자의 조건 | 곰에게 붙잡힌 노파의 꾀 | 일방적인 잘못이란 없다 | 명마를 보는 눈 | 나이는 숫자에 불과할 뿐 | 왕이라도 못하는 일

## 나이는 괜히 먹는 게 아니야

히말라야 산 기슭에 꿩과 원숭이 그리고 코끼리가 서로 어울려 살았다. 그런데 세 마리의 짐승은 늘 자신이 잘났다고 뽐내며 다른 짐승들을 거들떠보지 않았다.

그러던 어느 날, 세 마리의 짐승이 모여 누가 잘났는지 가려보기로 했다. 먼저 원숭이가 말했다.

"우리들 중에서 가장 나이가 많은 짐승을 형님으로 모시는 게 어떤가?"

그러자 꿩과 코끼리가 손뼉을 치며 말했다.

"정말 좋은 생각이야. 만일 가장 나이가 많은 짐승을 가려내면 모두 그의 말을 따르고 존경해야 해."

이윽고 세 마리의 짐승은 그렇게 하겠노라고 약속했다. 먼저 원숭이가 커다란 나무를 가리키며 코끼리에게 물었다.

"자네는 나이가 얼마나 되는가? 이 커다란 나무보다 오래 살았는가?"

코끼리가 대답했다.

"그럼. 내가 어렸을 때 이 나무는 내 배꼽 정도밖에 자라지 않았어. 아마 이 가운데서 내가 가장 나이가 많을 거야."

이번에는 꿩이 원숭이에게 물었다.

"그럼, 자네는 이 나무보다 오래 살았는가?"

원숭이가 대답했다.

"물론이지. 난 어렸을 때 이 나무의 새싹을 잡아당기면서 놀았거든."

원숭이의 말을 들은 코끼리가 고개를 숙이며 말했다.

"그럼 자네는 나보다 나이가 훨씬 많군."

이번에는 원숭이가 꿩에게 물었다.

"자네는 이 나무보다 오래 살았는가?"

꿩이 대답했다.

"기억을 더듬어보니 내가 태어났을 때 이 나무는 이 자리에 없었어. 하지만 내가 나무열매를 따먹고 여기에 똥을 눈 적이 있지. 이 나무는 아마 내 똥 속에 있던 씨앗이 자란 것일 거야."

원숭이와 코끼리는 꿩의 말을 듣고 머리를 조아리며 말했다.

"그럼 자네는 우리보다 나이가 훨씬 많군."

그리하여 코끼리와 원숭이는 꿩을 형님으로 모시며 존경하게 되었다.

- 출전: 『대지도론』 권12·20/ 『본생경』 37/ 『사분율』 권50/ 『십송률』 권34/ 『경률이상』 권47/ 『출요경』 권14 「도품」
- 이 이야기는 우리 전래설화인 『두껍전』과 유사하다. 『두껍전』은 『섬동지전(蟾同知傳)』,

『옥섬전(玉蟾傳)』, 『섬공전(蟾公傳)』, 『섬자호생의설전(蟾子狐生議說傳)』, 『섬설록(蟾說錄)』, 『녹처사연회(鹿處士宴會)』, 『노섬상좌기(老蟾上座記)』, 『섬처사전(蟾處士傳)』, 『장선생전(獐先生傳)』 등과 같은 이본이 있는데, 줄거리는 노루가 뭇짐승을 불러 모아 잔치를 베푸는 자리에서 토끼가 '윗자리 앉기'를 정하자고 제의함으로써 서로 나이를 다툰다는 내용이다. 또 박지원(朴趾源)의 『민옹전(閔翁傳)』에도 이와 유사한 이야기가 있다.

어디에서나 게임의 법칙은 필요하다. 그러나 우열을 가릴 수 없다면 나이든 이를 공경하라. 인생은 하루를 살아가기도 고단하다. 하루를 더 살았다는 것만으로도 그는 존경받기에 충분하다.

# 내가 대접받고 싶으면

 옛날 인도의 어떤 나라에서 옳지 못한 법을 시행하고 있었다. 그것은 부모의 나이가 예순 살이 되면 집안에서 내쫓은 다음, 방석 하나를 주어 대문 앞에 앉아 집을 지키도록 하는 것이다.

 그 무렵 두 형제가 있었는데, 아버지의 나이가 예순 살이 되자 형이 아우에게 말하였다.

 "아버지에게 방석 하나를 드리고 대문을 지키게 해라."

 마침 집에는 방석이 단 하나밖에 없었다. 아우는 방석의 절반을 잘라 아버지에게 주면서 말했다.

 "이것은 형이 아버지에게 드리는 것입니다."

 그 모습을 지켜보고 있던 형이 아우에게 말했다.

 "방석 하나를 드리지 않고, 왜 반을 잘라 드리느냐?"

 아우가 대답했다.

 "마침 집에 방석이 하나밖에 없습니다. 만약 반을 잘라 남겨놓지 않으면, 나중에 다시 쓸 수 없기 때문입니다."

 그 말을 들은 형이 고개를 갸우뚱거리며 말했다.

 "도대체 나머지 절반은 어디에 쓴단 말이냐?"

 "잘 보관해두었다가 형님에게 드리려고 합니다."

"그걸 왜 내게 주려고 하는가?"

"언젠가는 형님도 늙지 않겠습니까? 형님의 나이가 예순 살이 되면 조카도 형님에게 대문을 지키라고 하겠지요. 마침 집에 방석이 하나밖에 없으니 그때에 쓰려고 반을 자른 것입니다."

형은 그 말을 듣고 깜짝 놀라면서 소리쳤다.

"아! 나도 장차 그렇게 될 것이나!"

"그럼, 누가 형님을 대신하겠습니까?"

아우의 말에 충격을 받은 형은 아버지를 모시고 궁궐로 들어가 악법을 철폐하라고 건의했다. 왕 역시 형제의 이야기를 듣고는 그 말이 옳다고 여겨 악법을 없애버렸다.

- 출전 : 『잡보장경생경』 권2·16
- 내용은 약간 다르지만, 조부모를 박대할 때 쓰던 물건을 잘 간직했다가 부모를 위해 다시 쓰겠다는 자식의 이야기는 세계 대부분의 지역에 분포되어 있다. 특히 우리나라에는 고려장과 관련된 이야기가 있는데, 부모를 지게에 싣고 버리려다 자식이 지게를 다시 가져오는 것을 보고 효심을 깨우쳤다는 이야기는 중국 『효자전(孝子傳)』에 실려 있는 원곡(原穀)의 이야기를 본뜬 것이다.

웃어른을 공경하는 것은 나이든 사람이 현명해서가 아니라 언젠가는 나도 늙기 때문이다. 내가 한 만큼 보답을 받는 것은 동서고금의 진리이다. 그러니 내가 편하고 싶으면 남을 불편하게 하지 말고, 내가 싫은 일이면 남에게 시키지도 말라.

# 냉장고에 코끼리 넣기

 어떤 왕에게 사나운 코끼리 한 마리가 있었다. 그 코끼리는 싸움터에 나갈 때마다 용맹하게 적을 무찔러 커다란 공을 세웠다. 그리하여 왕은 더욱더 코끼리를 사랑하고 정성껏 돌보았다.

 그러던 어느 날, 그 코끼리는 술에 너무 취해 깊은 진흙탕에 빠지고 말았다. 덩치 큰 코끼리가 진흙탕에 빠져 헤어 나오지 못하자 조련사들은 여러 마리의 코끼리와 수많은 사람들을 불러 그 코끼리를 끌어내고자 했다. 몸을 밧줄로 묶고 여러 사람이 달려들어 잡아당겼으나 코끼리는 꼼짝도 하지 않았다.

 그때 어떤 현자가 그 곁을 지나다가 사람들에게 물었다.
 "지금 무엇을 하고 있는 것입니까?"
 사람들이 대답했다.
 "왕이 사랑하는 코끼리가 깊은 진흙탕에 빠졌습니다. 여러 마리의 코끼리와 수많은 사람들이 한꺼번에 잡아당겼지만 꼼짝도 하지 않습니다."
 현자가 다시 물었다.
 "그 코끼리는 평소에 얼마나 힘이 세었습니까?"

"전쟁에 나가 싸울 때는 그 힘을 측정할 수 없습니다."

그 말을 듣고 곰곰이 생각에 잠겨 있던 현자가 사람들에게 말했다.

"그럼 다른 코끼리들은 모두 돌려보내십시오. 제가 코끼리를 꺼내 보겠습니다."

그 말을 들은 사람들이 모두 비웃으며 말했다.

"아니, 당신 혼자서 어떻게 저 커다란 코끼리를 꺼낼 수 있단 말이오?"

"걱정하지 말고 제 말대로 해주시오."

이윽고 사람들이 그의 말에 따라 코끼리를 돌려보내자 현자는 곧 전쟁터에서 울리는 악기들을 가져오게 했다. 그런 다음 여러 사람들에게 무기와 악기를 들려주고 행렬을 맞추어 늘어서도록 했다.

"자, 됐습니다. 여러분들은 일제히 함성을 내지르면서 악기를 울리십시오."

사람들은 현자가 시키는 대로 북과 종을 치고, 나팔을 울렸다. 그러자 주변은 마치 전쟁이 시작된 것처럼 보였다. 진흙탕에 누워 있던 코끼리는 그 북소리를 듣자마자 깊은 진흙탕에서 뛰쳐나와 당장 적을 물리칠 기세로 날뛰었다.

• 출전 : 『출요경』 권7 「방일품」

냉장고에 코끼리를 억지로 집어넣을 수는 없다. 가장 좋은 방법은 스스로 걸어 들어가게 만드는 것이다. 사람도 억지로 변화시킬 수는 없다. 그가 스스로 변화할 수 있도록 환경을 조성해주어야 하는 것이다.

# 너만 속일 줄 아니?

갠지스 강에 한 쌍의 거북 부부가 살고 있었다. 어느 날 암컷 거북이 병이 들어 남편에게 말했다.

"살아 있는 원숭이의 간을 먹으면 병이 낫는다고 들었습니다. 부디 살아 있는 원숭이의 간을 구해주세요."

수컷 거북은 원숭이의 간을 구하기 위해 뭍으로 향했다. 마침 원숭이 한 마리가 나무에서 내려와 강물을 마시고 있었다. 거북은 얼굴에 환한 미소를 띠고 원숭이에게 다가가 말을 건넸다.

"당신은 강 한가운데에 작은 섬이 있는 걸 알고 있지요? 그곳은 정말 아름다운 곳이지요. 맛있는 과일과 열매들이 주렁주렁 매달려 있으니까요."

거북의 말에 원숭이는 귀를 쫑긋 세웠다.

"정말입니까?"

"그럼요. 이곳과는 비교할 수 없습니다. 섬에는 다른 동물들을 잡아먹는 맹수도 없습니다. 정말 평화로운 곳이지요. 한번 가보시겠어요?"

"하지만 난 강을 건널 수가 없어요."

"그건 걱정하지 마세요. 내 등 위에 타면 모셔다 드리겠습니다."

원숭이는 꾐에 빠져 얼른 거북의 등에 올라탔다. 거북은 몹시 기뻐하며 원숭이를 태우고 강 한가운데로 향했다. 강을 반쯤 건넜을 때 거북은 웃음을 터뜨리며 원숭이에게 말했다.

"바보 같은 원숭이. 저 섬에는 잡초와 자갈밖에 없어. 사실은 내 아내가 병이 들었는데, 살아 있는 원숭이의 간을 먹으면 나을 수 있다고 하더군. 그래서 널 데려가는 거야."

그 말을 들은 원숭이는 얼른 몸을 일으켜 세웠지만 이미 강 한가운데로 와 있었다. 원숭이는 곰곰이 생각에 잠겨 있다가, 짐짓 태연한 표정으로 거북에게 말했다.

"아, 그런 일이 있었군요. 사실 내 간을 빼주는 것은 어렵지 않은 일입니다. 난 언제든지 간을 빼었다가 도로 넣을 수 있으니까요. 하지만 좀 더 일찍 말씀해주었더라면 좋았을 텐데."

"일찍 말했어야 한다고?"

"예. 실은 내 간을 씻어서 나뭇가지에 걸어두고 왔거든요. 당신의 사정이 급하니 간을 드리겠어요. 어서 뭍으로 돌아가세요. 나뭇가지에 걸려 있는 간을 가져와야 하니까요."

거북은 아차 싶은 마음에 다시 헤엄치기 시작했다. 이

으고 강기슭에 이르자 원숭이는 재빨리 거북의 등에서 뛰어내렸다. 원숭이는 얼른 나무 위로 올라가 거북에게 말했다.

"바보 같은 거북아! 뱃속의 간이 나뭇가지에 걸려 있을 리가 있는가?"

원숭이는 멀뚱거리며 바라보고 있는 거북을 비웃으며 숲 속으로 사라졌다.

- 출전 : 『육도집경』 권4 「계도무극장」 / 『불본행집경』 권31 「석여마경품」 / 『본생경』 57·208·242/ 『생경』 권1 「불설별미후경」 / 『경률이상』 권23
- 이 이야기는 우리나라에 『별주부전(鼈主簿傳)』, 『토끼전』, 『토생원전(兎生員傳)』, 『토끼의 간(肝)』, 『토별산수록(兎鼈山水錄)』, 『별토전(鼈兎傳)』, 『수궁가(水宮歌)』 등으로 알려져 있는데 『삼국사기(三國史記)』 김유신전(金庾信傳)에 나오는 귀토지설(龜兎之說)을 바탕으로 하고 있다. 그러나 『삼국사기』의 기록 역시 불경을 바탕으로 한 것이다.

한 번 이겼다고 방심하지 말라. 고수는 고수를 만나게 되어 있고, 거짓말쟁이 역시 진짜 거짓말쟁이와 만나게 되어 있다.

## 정신만 차리면 산다

 어떤 나라에 높은 석탑을 잘 세우는 석공이 있었다. 그는 오랜 세월 동안 돌을 깎아 최고의 석탑을 만들어 냈다. 석탑의 높이는 까마득했고, 주위에 장식된 조각품들은 마치 살아 움직이는 듯했다.
 이윽고 석탑이 준공되는 날, 왕은 여러 신하들과 귀족들을 불러 성대한 잔치를 베풀었다. 석공은 탑 꼭대기에 올라앉아 사람들이 찬탄을 내뱉는 것을 바라보았다. 석공이 막 탑에서 내려오려 할 때 왕이 돌연 신하들에게 명령했다.
 "석탑에 걸려 있는 사다리를 치워버려라!"
 신하들은 왕의 명령에 따라 사다리와 밧줄, 그리고 돌을 끌어올리던 도르래까지 모두 치워버렸다. 석공은 꼼짝없이 탑 꼭대기에 홀로 남겨지고 말았다. 당황한 석공이 왕을 향해 소리쳤다.
 "왜 이러십니까? 사다리가 없으면 저는 내려갈 수 없습니다."
 왕이 석공을 향해 말했다.
 "이 탑은 세상에서 가장 아름다운 탑이다. 나는 네가

다른 곳으로 가서 이 탑보다 훌륭한 탑을 세우는 것을 원치 않는다. 그러니 너는 탑 속에 갇혀 죽어야 한다."

석공이 탑에 갇혀 있는 동안 왕은 성대한 잔치를 끝내고 궁궐로 돌아갔다. 혼자 남은 석공은 발붙일 곳조차 없는 석탑 꼭대기에 앉아 자신의 운명을 한탄했다.

이윽고 밤이 되자 날씨가 추워지기 시작했다. 석공이 갇혀 있다는 소식을 들은 가족들은 어떻게 해서든지 그를 구해내기 위해 어둠을 틈타 석탑 밑으로 갔다. 가족들은 살금살금 탑 주위로 다가가 석공에게 소리쳤다.

"탑이 너무 높아서 밧줄을 던져도 닿지 않을 거예요."

석공은 다시 절망했다. 하지만 그는 원래 지혜가 많은 사람이었다. 석공은 가족들이 왔음을 알고 자신의 옷을 벗어 옷감의 실을 풀기 시작했다. 그런 다음 실을 끈으로 꼬아 밑으로 내려 보냈다.

"지금 실을 내려 보낼 테니 그 끝에 가느다란 끈을 묶어요."

가족들은 탑 위에서 가느다란 실이 내려오자 그 끝에 다른 끈을 잡아맸다. 그러자 석공은 다시 실끈을 끌어올렸다. 그는 가족들이 보낸 끈을 꼬아 좀 더 굵은 끈을 만들었다.

"이 끈을 내려 보낼 테니 그 끝에 굵은 끈을 묶어요!"

가는 끈이 내려오자 가족들은 그 끝에 굵은 끈을 묶

었다. 그런 식으로 몇 번을 거듭하자 나중에는 몸무게를 지탱할 수 있을 만큼 굵은 밧줄이 만들어졌다. 석공은 그것을 탑 꼭대기에 단단히 묶은 다음, 밧줄을 타고 아래로 내려올 수 있었다.

• 출전 : 『대장엄론경』 권15 · 83

사람은 위험 때문에 죽는 것이 아니라 절망 때문에 죽는다. 하늘이 무너져도 솟아날 구멍은 있다. 믿음이 있다면 한 가닥의 가는 실로도 굵은 밧줄을 만들 수 있다. 가느다란 실은 초발심(初發心)과 같다. 초발심을 잃지 않으면 지혜의 굵은 밧줄을 타고 삶과 죽음의 경계를 벗어날 수 있다.

## 도대체 누가 미친 거야?

1년에 한 번 이상한 비가 내리는 나라가 있었다. 이상한 비가 내리면 빗물이 연못이나 우물에 고였는데, 사람들이 그 빗물을 마시면 7일 동안 정신을 못 차리고 미쳐 버렸다.

그 나라에는 현명한 왕이 백성들을 다스리고 있었다. 어느 날, 왕은 비구름이 몰려오는 것을 보고 신하들에게 명했다.

"곧 이상한 비가 내릴 모양이니 모든 우물에 뚜껑을 덮도록 하라."

그러나 대신들은 이미 그 빗물을 마신 뒤였다. 대신들은 정신이 돌아 모두 벌거벗고 머리에는 진흙을 바른 후 입궐했다. 다만 왕만이 그 빗물을 먹지 않았으므로 평소처럼 화려한 옷을 차려입고 용상에 앉아 있었다.

신하들은 옷을 입고 앉아 있는 왕을 보자 키득거리기 시작했다.

"임금께서 드디어 정신이 돌아버린 모양이군. 도대체 저 몰골이 뭐란 말이냐?"

대신들은 서로 수군대면서 왕을 미친 사람으로 취급

했다. 그 모습을 보고 있던 왕은 이 일을 어떻게 처리해야 할지 난감하기만 했다. 잠시 생각에 잠겨 있던 왕이 자리에서 일어서며 말했다.

"내가 미쳤나 보구나. 그대들은 잠시 기다리거라. 곧 약을 먹고 올 터이니."

침실로 들어간 왕은 곧 대신들처럼 발가벗고 머리에 진흙을 바른 후 다시 나왔다. 대신들이 그 모습을 보고 기뻐하며 말했다.

"임금께서 정신을 되찾았다!"

그리하여 왕은 대신들과 똑같이 미친 체하며 정사를 보았다.

그 후 7일이 지나자 신하들은 제정신이 들어 자신들의 소행을 부끄럽게 여겼다. 정신을 되찾은 신하들은 모두 단정히 옷을 차려 입고 대궐에 들었다. 그러나 조정에 들어선 대신들은 비명을 내질렀다. 왕이 벌거벗은 몸으로 머리에 진흙을 칠하고 앉아 있었기 때문이었다. 신하들은 어이없는 표정으로 수군댔다.

"우리들은 모두 제정신을 찾았는데 폐하께서는 정말 미쳤는가 보군."

그러자 왕이 신하들에게 말했다.

"나는 한 번도 정신을 잃은 적이 없었다. 하지만 그대들은 빗물을 마시고 미쳤으면서도 오히려 나를 미친 사람으로 취급했다. 자, 신하들이여! 누가 미친 사람인가?"

• 출전 : 『잡비유경』 (도략 集) 17/ 『경률이상』 권28

장님들만 있는 곳에서는 두 눈을 가진 사람이 바보가 되고, 절름발이만 있는 곳에서는 두 다리를 가진 사람이 바보가 된다. 또 어리석은 자들만 있는 곳에서는 아무리 현명한 사람도 바보 취급을 당하게 마련이다.

여러 사람이 한 사람을 바보로 만드는 것은 아주 쉬운 일이다. 따라서 까마귀 무리에 섞여 있을 때는 굳이 흰 깃털을 드러낼 필요가 없다. 현명한 사람일수록 빨리 모함을 받고, 똑똑한 사람일수록 빨리 공격을 받기 때문이다.

## 그 말을 믿으라고?

어떤 강기슭에 꽃을 키우면서 생활하는 사람이 있었다. 또 그의 농장 옆을 흐르는 강에는 옛적부터 한 마리의 큰 거북이 살고 있었다. 거북은 가끔 강에서 나와 먹이를 구했는데, 그럴 때마다 정성들여 키운 귀한 화초들을 짓밟아버리기 일쑤였다. 농부는 더 이상 참을 수가 없어 거북을 잡아다가 광주리에 넣어두었다. 농부는 곧 거북을 삶아 먹을 생각이었다.

광주리에 갇힌 거북은 고민에 빠졌다. 그는 광주리에서 도망칠 궁리를 하다가 이윽고 한 가지 꾀를 생각해냈다.

어느 날, 농장 주인이 다가오자 거북은 큰 소리로 외쳤다.

"주인님, 내 몸에는 더러운 진흙이 묻어 있습니다. 잠시 내 몸뚱이를 강물에 씻어주실 수는 없겠습니까? 그렇게 하지 않으면 광주리가 진흙으로 더럽혀질 것입니다."

광주리가 진흙으로 얼룩진 것을 못마땅하게 여긴 주인은 이내 거북을 꺼내 강으로 향했다. 주인이 몸을 씻어주기 위해 거북을 바위 위에 올려놓는 순간, 거북은 재빨리 강물 속으로 뛰어들었다. 그것을 본 주인은 땅을 치며 후회했다.

"내가 저놈에게 속았구나!"

주인은 억울하고 분한 나머지 주먹으로 자신의 가슴을 두드렸다. 그러다가 그는 다시 거북을 잡을 수 있는 한 가지 꾀를 생각해냈다. 그는 강물 위로 고개를 내밀고 있는 거북을 향해 소리쳤다.

"거북아, 난 너를 죽일 생각이 없단다. 뭍에서 진흙만 묻힌 채 돌아가면 가족들이 뭐라고 하겠니? 자, 내 농장에는 아름다운 꽃이 넘쳐난단다. 너에게 예쁜 꽃다발을 만들어줄 테니 가져가거라."

주인의 말을 들은 거북은 배꼽을 잡고 웃으며 말했다.

"당신은 꽃 장식을 만들어 팔면서 겨우 가족을 먹여 살리는 형편인데 내게 꽃다발을 만들어주겠다고? 참으로 고마운 말이오. 하지만 지금 당신 집에는 친척들이 모여 산해진미를 차려놓고 식사를 하고 있으니 얼른 돌아가 보시오."

• 출전: 『불본행집경』 권31 「석여마경품」

제 꾀에 자기가 넘어갈 때가 있다. 하지만 일단 내손을 떠난 뒤에는 미련을 갖지 말라. 미련은 괴로움이 자라나는 집일 뿐이다.

## 불씨를 얻으려면

 불을 숭배하는 어떤 바라문이 어린 소년 하나를 데려다 길렀다. 어느 날, 바라문은 잠깐 볼일이 있어 집을 나서다가 아이를 보며 말했다.
 "절대 불을 꺼뜨려서는 안 된다."
 바라문이 떠난 뒤 소년은 장난을 치다가 그만 불을 꺼뜨리고 말았다. 소년은 입술을 모아 열심히 숨을 불어넣었으나 꺼진 불씨는 다시 살아나지 않았다.
 "옳지. 불은 나무에서 나오는 것이니 도끼로 땔감을 쪼개 불을 얻으면 되겠구나."
 하지만 나무를 쪼개도 불은 나오지 않았다.
 "나무를 잘게 부수면 불을 얻을 수 있을 거야."
 소년은 다시 나무 조각을 절구통에 넣고 찧기 시작했다. 하지만 불꽃은 일어나지 않았다.
 저녁때가 되자 외출했던 바라문이 돌아와 불이 꺼진 것을 보고 소년을 꾸짖으며 말했다.
 "내가 그토록 당부했건만 왜 불을 꺼뜨렸느냐?"
 소년이 대답했다.
 "제가 정신이 팔려 불씨를 보살피지 못했습니다. 그래

서 불은 나무에서 생기는 것이라 도끼로 나무를 쪼개고 절구통에 찧어 보았지만 불씨를 구할 수 없었습니다."

바라문은 웃음을 터뜨린 다음 송곳으로 나무를 비벼 불꽃을 만들었다. 바라문이 소년을 바라보며 말했다.

"불을 구하려면 이렇게 하는 것이다. 불이 나무를 태운다고 해서 그것을 쪼개 절구로 찧어서 얻을 수 있는 것이 아니다."

• 출전 : 『불설장아함경』 권7 「폐숙경」 / 『중아함경』 권16 「비사경」

마음이 머리나 가슴속에 있다고 해서 몸을 쪼개 그것을 얻을 수는 없다. 모든 것은 만나고 부딪치고 어울리면서 생겨난다. 두 개의 막대기를 문지를 때에야 불이 붙는다.
깨달음은 저 불과 같다. 그대는 몸을 문지르는 막대기이며, 진리는 그대의 몸을 문지르는 막대기다. 나무 안에 불꽃이 숨어 있는 것처럼 스스로의 몸 안에 감추어진 것을 깨달아야 한다. 참깨 씨 속의 기름방울처럼, 부싯돌 속의 불꽃처럼, 깨달음은 영혼 안에 머문다.

# 두 번 잃어버린 돈 자루

 어떤 사내가 길을 가다가 나무 밑에서 잠시 쉬었다. 그는 땀을 식힌 후 돈이 들어 있는 자루를 깜박 잊은 채 그것을 나무 밑에 두고 길을 떠났다.
 잠시 후 몇몇 스님들이 나타났다. 스님들은 잠시 나무 밑에서 쉬다가 길가에 떨어져 있는 자루를 보았다. 한 스님이 말했다.
 "누가 잃은 물건이니 주인이 나타나면 돌려줍시다."
 그리하여 스님들은 돈 자루를 짊어지고 길을 떠났다. 한참을 걷자 자루를 잃은 사내가 급히 걸음을 되돌려 뛰어오고 있었다. 한 스님이 그 모습을 보고 말했다.
 "저리 급하게 뛰어오는 것을 보니 이 자루를 잃은 사람이 틀림없소."
 자루를 잃은 사내가 나무 밑까지 다가오자 스님들이 물었다.
 "급히 어디를 가시오?"
 "알 것 없소."
 "묻는 이유가 있으니 사실대로 말해보시오."
 사내는 사실을 털어놓았다.

"돈이 들어 있는 자루를 나무 밑에 놓고 왔소. 그래서 이렇게 뛰어가는 것이오."

스님들은 그 말을 듣고 나무 밑에서 주워 온 돈 자루를 내보이며 말했다.

"이것이 잃어버린 물건이오?"

돈 자루를 본 사내는 금세 얼굴이 화색이 되어 스님들에게 소리쳤다.

"맞소. 이게 바로 내가 잃은 것이오."

사내는 곧 자루를 풀어 안을 들여다보았다. 문득 흑심을 품은 사내가 엉뚱한 트집을 잡았다.

"아니, 자루 안에 돈 천 냥이 들어 있었는데 왜 이리 줄어들었소?"

스님들이 당황한 표정으로 대답했다.

"우리는 손을 댄 일이 없소. 있는 그대로 가져왔을 뿐이오."

하지만 사내는 스님들을 관가에 고발해버렸다. 재판관은 스님들과 사내를 불러 심문하기 시작했다. 스님들이 억울함을 호소하며 올바른 판결을 내려달라고 부탁했다. 한참 생각에 잠겨 있던 재판관이 자루를 살펴보며 사내에게 물었다.

"자루에 얼마가 들어 있었는가?"

"천 냥입니다."

"그럼, 이 자루 안에 천 냥이 들어갈 수 있겠구나."

재판관은 그렇게 말한 후 곧 사람을 시켜 관가의 창고에서 천 냥의 돈을 가져오게 했다.

"자, 이 천 냥을 자루에 넣어 보거라."

관리들이 달려들어 천 냥을 자루에 넣기 시작했다. 그러나 자루에는 500냥밖에 들어가지 않았다. 그 모습을 지켜보고 있던 재판관이 사내를 향해 소리쳤다.

"네 자루에는 분명 천 냥이 들어갔으니 이 자루는 네 자루가 아니로구나."

재판관은 그 자루를 빼앗아버렸다.

• 출전 : 『사분율』 권18

물에 빠진 사람을 구해주었더니 보따리를 내놓으라는 격이다. 도움을 입었다면, 다만 감사하라. 빈 자루만 돌려받아도 이익 아닌가.

# 잠을 자지 않는 왕

 옛날, 잠을 이루지 못하는 왕이 있었다. 왕은 잠을 자지 않으면서 곁에서 숙직하는 사람이 잠을 자면 곧 목을 베어버렸다. 그렇게 죽어간 사람이 무려 499명에 이르렀다.
 관리들이 속절없이 죽어 나가자 조정에서는 숙직할 사람을 여염집에서 구하게 되었다. 마침, 어느 부자의 아들이 숙직할 차례가 되었다. 그러자 부자는 집안사람들을 모아놓고 슬피 울었다. 그때 집 앞을 지나가던 한 소년이 울음소리를 듣고 물었다.
 "무엇 때문에 슬피 우십니까?"
 가족들이 사실대로 얘기하자 소년이 말했다.
 "만약 저를 고용하면 이집의 아들 대신 제가 숙직하겠습니다."
 부자는 몹시 기뻐하면서 금 천 냥을 주고 소년에게 대신 숙직하도록 했다. 그날 밤, 소년이 궁궐에 들어서자 왕이 물었다.
 "어째서 네가 들어왔느냐?"
 "숙직할 차례는 아니지만 제가 부자의 아들을 대신하

겠습니다."

왕이 고개를 끄덕이며 말했다.

"좋다. 하지만 절대 잠이 들어서는 안 된다. 잠이 들면 너를 죽여 버릴 것이다."

왕이 침대에 눕자 소년은 곧 잠에 빠져들었다. 왕이 화를 내며 칼을 뽑아들었다.

"왜 잠을 자느냐?"

소년이 대답했다

"저는 잠을 잔 것이 아니라 잠시 생각했을 뿐입니다."

"무엇을 생각했단 말이냐?"

"한 되들이 그릇에 두 되를 넣을 수 있는지 생각했습니다."

"어떻게 하면 한 되들이 그릇에 두 되를 넣을 수 있단 말이냐?"

"한 되의 모래를 담고, 다시 그 위에 한 되의 물을 넣으면 됩니다."

왕이 그릇을 가져와 시험하였더니 소년의 말이 맞았다.

다시 한참이 지나자 소년은 잠이 들었다. 왕이 칼을 빼어들고 목을 치려 하자 소년이 말했다.

"잠시 생각했을 뿐입니다."

"무엇을 생각했단 말이냐?"

"한 자 깊이의 구덩이를 만들어 도로 흙을 메우면 왜

여덟 치밖에 차지 않을까요?"

왕은 사람을 시켜 한 자 깊이의 구덩이를 파고 다시 흙을 메웠더니 과연 여덟 치밖에 차지 않았다.

"너는 왜 또 잠을 자느냐?"

"잠시 생각에 잠겼을 뿐입니다. 왕께서 저의 죄를 용서하신다면 제가 말씀드리겠습니다."

"말해 보라."

"왕께서는 귀신입니다."

그러면서 소년은 얼른 왕의 침실을 빠져나왔다. 왕이 그 말을 듣고 생각했다.

"저놈이 왜 나를 귀신이라 했을까?"

마침 왕의 어머니가 들어오자 왕이 물었다.

"어떤 소년이 나에게 귀신이라 하는데, 어떻게 생각하십니까?"

그러자 어머니가 말했다.

"꿈에 귀신을 만나 함께 동침한 후 상감을 잉태하게 되었지요. 그러니 상감은 귀신의 아들이지요."

왕은 드디어 자신의 정체를 깨닫고 다시는 사람을 죽이지 않았다.

• 출전 : 『경률이상』 권29

악행을 저지르면서도 스스로 그것을 깨닫지 못하면 영영 꿈에서 헤어날 수 없다. 그러므로 인생을 살면서 자신을 깨우칠 수 있는 한 사람의 지혜로운 이를 만나는 사람은 행복하다.
 당신은 깨어 있는가? 아니면 단지 눈만 뜨고 있는 것인가?

## 도둑이 제 발 저리다

많은 재산을 가진 부자가 있었다. 하지만 그는 너무 늙고, 장차 재산을 물려줄 아들은 너무 어렸다. 부자는 죽을 날이 가까워오자 고민에 빠졌다. 어린 아들에게 재산을 물려주면 하인들이나 친척들이 달려들어 재산을 모두 빼앗을까 염려되었기 때문이었다.

그리하여 그는 차라리 땅속에 재산을 묻어 두었다가 훗날 아들이 자라면 그것을 찾게 하는 것이 나을 것이라 생각했다. 그는 늙은 하인을 데리고 숲 속으로 들어가 구덩이를 파도록 하고 모든 재산을 묻었다.

재산을 묻고 난 그는 하인에게 말했다.

"내가 죽고 난 뒤 아들이 자라거든 재산이 묻힌 곳을 알려주어라. 그리고 이 숲이 남의 손에 넘어가지 않게 하여라."

"알겠습니다."

그로부터 며칠 후 부자는 늙은 하인에게 모든 것을 부탁한 후 세상을 떠났다.

세월이 흘러 어린 아들은 청년이 되었다. 그러나 늙은 하인은 재산이 묻힌 곳을 아들에게 가르쳐주지 않았다.

어머니가 아들을 불러 말했다.

"얘야, 네 아버지는 돌아가시면서 재산을 묻어두었다고 말씀하셨다. 하인이 그곳을 알고 있으니 가서 물어보도록 해라."

아들은 곧 하인에게 가서 재산이 묻힌 곳을 알려달라고 요구했다. 그러나 하인은 곧 가르쳐주겠다고 할 뿐 좀체 말하려 하지 않았다. 이윽고 아들은 하인을 앞세우고 산 속으로 향했다.

"이쪽인가?"

"아닌 것 같습니다. 너무 오래된 일이라……."

하인은 계속 말꼬리만 흐리며 제대로 가르쳐주지 않았다. 아들은 하인을 데리고 산을 세 번이나 올랐으나 재산이 묻힌 곳을 찾아내지 못했다. 할 수 없이 아들은 아버지의 친구를 찾아가 이 일을 의논했다. 아버지의 친구가 말했다.

"하인이 재산에 욕심이 난 걸세, 내일 산에 올라가면 하인이 가장 심하게 부인하는 곳을 찾아 파보게나."

이튿날 아들은 다시 하인을 앞세우고 산으로 향했다. 한참을 뒤지다가 아들은 어느 나무 밑에 이르렀다.

"혹시 여기가 아닌가?"

그러자 하인의 얼굴빛이 노래지며 큰 소리로 외쳤다.

"아닙니다. 절대 그곳일 리 없습니다!"

"정말인가?"

"아니라니까요! 절대, 절대로 아닙니다!"

순간 아들의 얼굴에 엷은 미소가 번졌다.

"여기가 틀림없군!"

아들은 재빨리 하인을 밀어버리고 괭이로 땅을 파기 시작했다. 과연 그곳에 아버지가 묻어둔 재물이 있었다.

• 출전 : 『본생경』 39

방귀 뀐 놈이 먼저 화를 내고, 도둑질을 한 놈이 먼저 제 발 저리는 법이다. 죄를 지은 사람은 대개 자신의 죄를 부인한다. 그러나 가장 강력한 부정은 결국 긍정이 된다.

# 훌륭한 지도자의 조건

어떤 현명한 사람이 한 무리의 상인들을 이끌고 먼 길을 가는 중이었다. 상인들은 이미 오랜 여행을 하고 있던 터여서 몹시 지치고 피곤했다. 이윽고 상인의 무리는 조용하고 아담한 어떤 마을 앞에 이르렀다.

하지만 그 마을은 도적들이 모여 사는 곳이었다. 도둑들은 마을 주위에 과일나무를 심어 가꾸고 있었다. 그들이 심은 과일나무의 열매는 맛있는 대추야자와 비슷하게 생겼지만 그 안에는 독이 들어 있었다. 도둑들은 마을에 숨어 있다가 지나가는 상인들이 그 열매를 따먹고 죽으면, 곧 밖으로 나와 수레와 물건을 모두 약탈했다.

마침 상인들이 도착했을 때, 마을 주변을 덮고 있는 나무에는 과일이 탐스럽게 열려 있었다. 상인들은 마을에 이르러 고운 빛깔로 익어 있는 열매를 보았다. 도둑들은 숨을 죽인 채 상인들을 지켜보며 수군댔다.

"맨 앞에 있는 수레는 내 것이야."

"난 두 번째 수레."

"그럼 세 번째 수레는 내가 털지."

도둑들은 상인들이 열매를 따먹기를 기다리며 기대감

에 들떠 있었다.

그때 상인의 무리를 이끄는 대장의 수레가 입구에 도착했다. 대장은 한참 동안 주위를 둘러보다가 상인들에게 말했다.

"저 나무의 열매를 따먹어선 안 되네!"

지쳐 있던 상인들이 물었다.

"어째서 따먹으면 안 되는 것입니까?"

"이 나무는 마을 가까이 있는 과일나무일세. 가만히 살펴보니 가지마다 탐스런 열매가 주렁주렁 열려 있네. 그런데도 마을 사람들이 열매를 따먹은 흔적이 전혀 없네. 그렇다면 이 열매는 사람들이 먹을 수 없는 것 아니겠는가?"

대장의 말이 옳다고 여긴 상인들은 목마름을 참고 무사히 도적의 마을을 지나쳤다.

• 출전 : 『본생경』 54

못생기고 덜 익은 과일은 사람의 손을 타지 않는다. 따라서 보기 좋고 잘 익은 과일에 사람의 손이 닿지 않은 것은 다 그만한 이유가 있기 때문이다. 훌륭한 지도자는 한 가지 기미를 보고, 전체의 상황을 정확히 파악한다.

## 곰에게 붙잡힌 노파의 꾀


어떤 노파가 길을 걷다가 잠시 나무 밑에 앉아 쉬고 있었다. 그때 곰 한 마리가 달려들어 노파를 해치려 하였다. 노파는 깜짝 놀라 자리에서 일어섰다. 곰이 따라오자 노파는 나무 주위를 빙빙 돌며 몸을 숨겼다.

곰은 한 손으로 나무를 붙들고 나머지 한 손으로 노파를 잡으려했다. 다급해진 노파는 나무에다 곰의 두 손을 한꺼번에 눌러버렸다. 그러자 곰은 꼼짝하지 못한 채 몸을 버둥거렸다. 노파가 소리쳤다.

"살려주세요!"

그때 마침 길을 가던 행인이 그 모습을 보고 달려왔다. 노파는 행인을 향해 소리쳤다.

"내가 곰을 잡았어요. 잠깐만 곰의 손을 누르고 있으세요. 이놈을 잡아서 가죽과 고기를 둘로 나눕시다."

행인은 그 말을 듣고는 재빨리 곰의 두 손을 눌렀다. 그러자 노파는 손을 털며 말했다.

"휴, 살았다!"

곰이 버둥거리자 행인은 다급한 목소리로 노파에게 말했다.

"어서 놈을 때려잡아요. 더 이상 못 견디겠어요."

하지만 노파는 이내 길을 떠나며 행인에게 말했다.

"이 늙은 몸이 어떻게 곰을 때려잡겠소?"

"그럼 난 어쩌란 말이오?"

"다른 사람이 올 때까지 기다렸다가 나처럼 곰을 맡기면 되지."

• 출전 : 『백유경』 93

위기에 처했다면 어리석은 사람의 두 손을 빌려라. 어리석은 사람은 무엇이든 붙잡으려 한다. 불에 뛰어들어 스스로 죽음을 부르는 부나비 떼처럼, 그들은 작은 이익에도 목숨을 건다.

# 일방적인 잘못이란 없다

먼 옛날, 단정(端正)이라는 이름을 가진 왕이 다스리는 나라가 있었다.

그 무렵, 어느 마을에 농부 두 사람이 살고 있었다. 그런데 한 사람은 농사지을 소가 없었고, 한 사람은 여러 마리의 소를 기르고 있었다.

가을이 되자 소가 없는 농부가 친구의 소 두 마리를 빌려 추수를 했다. 추수가 끝나자 그는 소에게 꼴을 먹인 다음, 친구네 집으로 소를 데려갔다. 그는 친구가 마당에 서 있는 것을 보고, 대문 앞에 소 두 마리를 몰아다 둔 다음 이내 집으로 돌아왔다.

소 주인은 소를 빌려간 농부가 소 두 마리를 데려오는 것을 보았으나 아직 추수를 덜 끝냈다고 생각하고는 굳이 외양간에 매어두지 않았다.

이튿날, 대문 앞에 있던 소 두 마리가 사라지고 말았다. 소가 감쪽같이 사라지자 두 농부는 서로 다투기 시작했다.

"분명 자네가 보는 앞에서 소 두 마리를 데려오지 않았는가?"

"물론 그랬지. 하지만 자네는 내게 아무 말도 하지 않았어."

"그건 자네가 보고 있으니까 그런 거지."

"난 자네가 아무 말도 하지 않아서 아직 추수가 덜 끝났다고 생각했지."

결국 두 사람은 다툼을 벌이다가 왕에게 재판을 청하기로 했다. 두 사람은 아침 일찍 길을 떠나 궁궐로 향했다. 서로 옥신각신하며 그 나라의 수도에 이르자, 마침 왕의 마부가 달려오며 두 사람에게 소리쳤다.

"저놈의 말 좀 잡아주시오!"

가만히 보니 궁궐에서 달아난 말 한 마리가 기세 좋게 달려오고 있었다. 그러나 그 속도가 너무 빨랐기 때문에 소를 빌려갔던 사내가 말을 향해 커다란 돌멩이를 던졌다. 그런데 돌멩이가 그만 말의 다리에 맞아 다리가 부러지고 말았다. 마부는 왕에게 처벌을 받을까 두려웠다. 그리하여 마부는 두 사람이 재판정에 가는 것을 알고 함께 가서 손해배상을 청하기로 했다.

세 사람은 한참을 걷다가 커다란 강을 만났다. 마침 어떤 목수가 망치를 입에 문 채 바짓가랑이를 올리고 강물을 건너오고 있었다. 농부가 목수에게 물었다.

"어디가 얕은 곳입니까?"

목수는 대답을 하려다가 그만 망치를 물에 빠뜨리고

말았다. 억울하게 망치를 잃어버린 목수 역시 재판을 받기로 하고 세 사람을 따라나섰다.

한참을 걸으니 주막이 나왔다. 네 사람은 목을 축이기 위해 잠시 주막에 들렀다. 그때 농부가 이불 밑에 어린아이가 있는 줄도 모르고 깔고 앉았다가 그만 어린아이의 배가 터져 죽고 말았다. 그러자 주모 역시 재판정에 가겠다며 따라나섰다.

처음 소를 빌려갔던 농부는 자신의 신세를 생각하다가 한탄을 내뱉었다.

'이렇게 재수 없는 인생도 있을까? 분명 소를 돌려주었는데 두 마리 소 값을 물어내야 하고, 한마디 물은 죄로 목수의 망치를 돌려줘야 하고, 이불을 방석인 줄 알고 앉았다가 어린아이를 죽이고 말았구나. 나처럼 재수 없는 사람이 또 있을까?'

그는 억울하기 짝이 없었다. 그래서 주막에서 도망치기로 결심하고 사람들이 한눈을 파는 사이에 잽싸게 담을 뛰어넘었다. 마침 담 뒤에서 한 사람이 베를 짜고 있다고 담을 넘은 농부에게 깔려 죽고 말았다. 그 모습을 지켜보고 있던 베 짜는 사내의 아들도 함께 재판정으로 가기로 했다.

이윽고 왕 앞에 도착한 소 주인이 억울함을 호소하며 변상을 해달라고 요청했다. 자초지종을 들은 왕이 말했다.

"너희 둘 다 잘못이다. 너는 소를 데려다 놓은 사실을 입으로 알리지 않았으니 혀를 베고, 소 주인은 소를 보고도 챙기지 않았으니 눈을 뽑아라."

소 주인이 말했다.

"차라리 제가 소를 포기하겠습니다."

이번에는 마부 차례였다. 마부의 하소연을 듣고 난 왕이 판결을 내렸다.

"둘 다 잘못이다. 너는 말에게 돌을 던져 다리를 부러뜨렸으니 손을 잘라야 하고, 마부는 말을 잡아달라고 소리쳤으니 혀를 잘라야겠다."

마부가 말했다.

"아닙니다. 말은 제가 변상하겠습니다."

다음에 왕은 목수의 하소연을 듣고 이렇게 말했다.

"둘 다 잘못이다. 너는 강물이 얕은 곳을 물었으니 혀를 잘라야하고, 목수는 망치를 입에 물고 있다가 떨어뜨렸으니 앞니 두 개를 부러뜨려야겠다."

목수가 말했다.

"아닙니다. 없었던 일로 하겠습니다."

이번에는 주모가 억울한 일을 설명했다. 그녀의 하소연을 들은 왕이 말했다.

"너는 손님이 앉아야 할 자리에 아이를 눕혀 놓은 것이 잘못이다. 그러니 주모는 저놈을 남편으로 삼아 죽은 아이를 대신할 새 아이를 낳은 뒤에 풀어주어라. 또 저놈은 아이를 죽였으니 여자를 아내로 삼아 반드시 아이를 낳도록 해라."

주모가 펄쩍 뛰며 소리쳤다.

"아닙니다. 없었던 일로 하겠습니다."

다시 베 짜는 사내의 아들이 내막을 설명하자 왕이 판결했다.

"아버지를 깔려 죽게 했으니 저놈을 네 아버지로 삼도록 해라."

아들 역시 펄쩍 뛰며 외쳤다.

"아닙니다. 없었던 일로 해주십시오."

결국 빚쟁이들은 모두 돌아갔다.

그때 두 여자가 한 남자아이를 데려와 서로 자기 아들이라고 주장했다. 왕이 말했다.

"너희 둘은 아이의 팔을 한쪽씩 잡고 잡아당겨라. 아이를 빼앗는 쪽이 진짜 어미니라."

두 여인이 아이의 두 팔을 힘껏 잡아당기자 아이가 아픔을 이기지 못해 울음을 터뜨렸다. 그러자 한 여인이 아이의 팔을 놓고 눈물을 흘리기 시작했다. 이에 왕은 끝까지 팔을 잡아당긴 여인을 향해 말했다.

"이 아이는 결코 네 아들이 아니다. 네 아들이라면 어찌 그렇게 팔을 잡아당길 수 있겠느냐?"

# 왕은 가짜 어머니를 하옥시키고 아이를 친어머니에게 돌려주었다.

- 출전 : 『현우경』 권11 「단니기품」 / 『본생경』 257/ 『경률이상』 권41
- 이 이야기의 마지막 부분은 성서 외경 중 「솔로몬의 지혜(The Wisdom of Solomon)」에 실린 이야기와 같다. 이 책에는 솔로몬의 여러 지혜가 실려 있는데, 성서에는 아이 하나를 두고 다투는 두 여인의 이야기만이 「열왕기 상」 3장에 소개되어 있다.

다툼과 분쟁의 책임은 두 사람 모두에게 있다. 대게 다툼이 일어나는 것은 모든 잘못이 상대방에게 있다는 생각 때문이다. 그러나 '네 탓이오'를 주장하기 전에 '내 탓'을 먼저 돌아보면 다툼은 쉽게 해결될 수 있다. 아무리 상대방에게 잘못이 있다 해도, 내가 그것을 방치하거나 사건의 빌미를 제공했다면 그 책임을 나누어 져야 한다. 책임을 나누면 상대방에 대한 원망은 사라지고, 그 자리에는 용서의 마음이 싹트게 마련이다.

# 명마를 보는 눈

 말을 파는 상인이 많은 말을 몰고 어떤 나라에 도착했다. 상인이 그 나라의 수도에 머물고 있는 동안 암말 한 마리가 새끼를 낳았다. 어미는 어린 새끼를 놀라게 하지 않기 위해 소리를 내지도 않았고, 울지도 않았다. 상인은 어미 말이 병든 줄 알고, 그 말을 타고 다니며 혹사시켰다. 어차피 병든 말이라면 멀쩡할 때 부려먹어야 한다는 생각이 들었던 것이다.

 얼마 후 장마철이 시작되었다. 상인은 어미 말의 병이 나을 때까지 그 나라에 머물기로 했다. 그때 그릇을 파는 상인이 오자 말 상인은 망아지를 그릇과 맞바꾸기로 마음먹었다. 어미 말이 죽으면 망아지가 제대로 자랄 수 없다는 생각 때문이었다.

 하지만 그릇 상인은 내키지 않는 표정으로 말했다.

 "망아지는 필요 없소. 그릇만 깨뜨릴 것이 뻔하오."

 순간 망아지는 그릇 상인의 다리를 핥으며 슬픈 눈빛으로 바라보았다. 그릇 상인은 갑자기 측은한 생각이 들어 망아지를 데리고 집으로 향했다.

 그날 이후 망아지는 그릇을 구울 흙과 땔감을 나르며

열심히 일했다. 그릇 상인 역시 맛있는 곡식을 주며 망아지를 아끼고 사랑했다. 그 무렵, 왕이 기르던 천리마가 병이 들어 죽고 말았다. 천리마가 사라지자 이웃나라들이 호시탐탐 침략할 기회를 노렸다. 위기를 느낀 대신들은 나라 안을 돌아다니며 지혜로운 말을 구하기 시작했다.

말을 볼 줄 아는 사람이 말 상인이 타고 다니던 암말을 보고는 소리쳤다.

"이 말은 보통 말이 아닙니다. 분명 훌륭한 새끼를 낳았을 것입니다. 그런데 이 암말의 새끼는 어디에 있소?"

말 상인은 대수롭지 않은 투로 대답했다.

"망아지 한 마리가 있었는데 그릇과 맞바꾸었소."

대신들은 급히 그릇 상인에게로 달려갔다. 그릇 상인을 찾아가자 망아지 한 마리가 등에 흙과 땔감을 진 채 열심히 일하고 있었다. 대신들이 그릇 상인에게 말했다.

"돈은 얼마든지 줄 터이니 이 망아지를 파시오."

하지만 그릇 상인은 고개를 내저으며 말했다.

"이 망아지는 내 가족과 다름없소. 돈을 받고 파는 게 아닙니다."

그 소식을 들은 망아지가 주인에게 말했다.

"저를 파세요. 그 대신 금을 자루에 채워 제가 끌 수 있는 만큼 달라고 하세요."

결국 대신들은 엄청난 양의 금을 주고 망아지를 살 수

밖에 없었다. 그러나 궁궐의 마구간에 도착하자 망아지는 마부가 주는 보리와 풀을 먹지 않았다. 마부가 왕에게 말했다.

"이 말은 보통 말이 아닙니다. 앞으로는 쌀에 꿀을 발라 금으로 만든 쟁반에 먹이를 채워주어야 합니다. 그리고 금으로 만든 삼태기로 말의 똥을 받아야 합니다."

그리하여 왕은 마구간을 붉은 구리로 바르고 천 갈래의 금 덮개로 그 땅을 덮었으며, 공주들은 부채를 들어 파리와 모기를 쫓고, 왕비는 금 쟁반에 먹을 것을 갖다주고, 대신들은 금 삼태기로 똥을 받아냈다.

그러자 망아지는 비로소 천리마의 본성을 드러냈다. 왕은 그 말을 타고 이웃나라들을 차례로 정복할 수 있었다. 이에 왕은 천리마를 위해 성대한 잔치를 베풀어주었다.

말 상인이 그 앞을 지나다가 사람들에게 물었다.

"도대체 나라에서 무슨 잔치를 열고 있는 것이오?"

"망아지 한 마리가 나라를 구해 임금께서 잔치를 베푸는 것입니다."

그 얘기를 들은 말 상인은 급히 마구간으로 달려가 살펴보았다. 분명 자신이 그릇 상인에게 건네준 망아지였다. 이를 확인한 말 상인은 땅을 치며 후회했다. 그러자 망아지가 그에게 말했다.

"당신은 나를 팔아서 얼마나 벌었습니까? 고작 그릇 몇 개를 얻었을 뿐입니다. 하지만 그릇 상인은 나를 아껴주고 길러줌으로써 헤아릴 수 없을 만큼의 금을 벌었습니다."

• 출전 : 『근본설일체유부비나야』 권32/ 『출요경』 권19 「마유품」

중국에서는 말을 잘 고르는 사람 중에 백락(伯樂)을 최고로 치고, 말을 잘 모는 사람 중에서는 조보(趙父)를 최고로 친다. 천리마가 되기 위해서는 먼저 말을 잘 고르는 사람을 만나야 하고, 그 다음에는 말을 잘 다루는 사람을 만나야 한다.

말을 고르는 눈과 사람을 고르는 눈은 다르지 않다. 물론 상대방의 가치를 정확히 판단하는 것은 쉬운 일이 아니다. 하지만 사람을 볼 줄 아는 사람은 상대방의 성품과 본성을 한눈에 알아차린다. 그런 사람은 상대방의 겉모습이 아니라 내면을 본다. 겉모습을 보는 사람은 고작 그릇 몇 개를 얻고 기뻐하지만, 내면을 보는 사람은 천 수레의 금보다 더 귀한 것을 얻는다.

# 나이는 숫자에 불과할 뿐

 옛날 인도에 기로국(棄老國)이라는 나라가 있었다. 그 나라에는 부모가 늙으면 깊은 산 속에 내다버리는 법이 있었다.
 부모를 몹시 공경하던 대신이 있었는데, 그의 아버지 또한 나이가 들어 멀리 내쫓지 않으면 안 될 지경에 이르렀다. 점점 시간이 흐르자 대신은 고민에 빠졌다. 아버지를 내쫓자니 양심이 허락하지 않고, 그대로 두자니 나라의 법을 어기는 것이었다.
 대신은 오랫동안 고민을 하다가 한 가지 방법을 찾아냈다. 마당 뒤쪽에 깊이 땅을 파고 동굴을 만들어 그 안에 아버지를 모시기로 한 것이다. 동굴 속에 아버지를 모신 다음 그는 날마다 음식을 넣어주며 아버지를 보살폈다.
 그 무렵 이웃나라는 몹시 강성하여 수시로 국경을 침입해왔다. 어느 날, 이웃나라의 왕은 기로국에 사신을 보내 이렇게 말했다.
 "만일 내가 낸 수수께끼를 풀지 못하면, 이레 뒤에 너희 나라를 공격하여 왕의 머리를 일곱 조각으로 부수어버리겠다."

사신의 말을 들은 왕은 머리털이 곤두서는 것 같았다. 왕이 목을 움츠리며 사신에게 물었다.

"수수께끼가 무엇이오?"

사신이 뱀 두 마리를 왕 앞에 풀어놓으며 첫 번째 수수께끼를 말했다.

"두 마리의 뱀 중에서 어느 것이 암컷이고, 어느 것이 수컷인가?"

왕은 신하들과 의논하였지만, 모두 고개를 저을 뿐이었다. 그리하여 왕은 온 나라에 명을 내려 문제를 풀 사람을 구하였다. 대신은 집에 돌아와 아버지에게 물었다. 아버지는 수수께끼를 듣고 나서 대답했다.

"별로 어려운 문제도 아니로구나. 뱀 두 마리를 부드러운 비단 천에 올려놓거라. 그렇게 해서 요동치는 놈이 수컷이고, 얌전하게 있는 놈이 암컷이다."

이튿날 대신이 입궐하여 아버지의 말대로 하자 과연 암컷과 수컷을 구별할 수 있었다. 사신이 두 번째 수수께끼를 말했다.

"저기에 큰 코끼리가 있는데 그 무게는 몇 근인가?"

왕은 역시 대답을 할 수 없었다. 그날 저녁, 대신은 다시 아버지를 찾아가 물었다. 아버지가 대답했다.

"코끼리를 배에 실어 물에 띄우고 물에 잠기는 지점에

표시를 하거라. 그런 다음 코끼리 대신 돌을 실어 표시한 만큼 배가 가라앉으면, 그 돌의 무게를 재어 코끼리의 무게를 알 수 있다."

그 대답을 들은 사신은 그만 입을 열지 못했다. 화가 난 사신이 다시 세 번째 질문을 던졌다.

"여기 나무 한 토막이 있소. 어느 쪽이 위쪽이고 어느 쪽이 아래쪽인가?"

이번에도 신하들은 꾹 입을 다물었다. 그날 밤, 대신은 또 아버지에게 가서 물었다. 아버지가 대답했다.

"물에 던져보면 알 수 있다. 물에 잠기는 쪽이 뿌리에 가깝고, 뜨는 쪽이 가지에 가깝다."

이튿날 대신이 해답을 내놓자 사신의 얼굴은 금세 사색이 되었다. 사신이 다시 네 번째 질문을 던졌다.

"여기 두 마리 말이 있는데 어느 것이 어미이고 어느 것이 새끼인가?"

대답을 하는 사람이 없었으므로 대신은 다시 아버지에게 물었다. 아버지가 대답했다.

"풀을 먹여 보아라. 어미는 반드시 새끼에게 먼저 풀을 먹일 것이다."

그 대답을 들은 사신은 이내 고개를 숙이고 말았다. 사신은 왕에게 머리를 조아린 후 자기 나라로 돌아가며 말했다.

"우리는 결코 이 나라를 공격하지 않을 것이오."

사신이 떠나자 왕은 못내 기뻐하면서 대신에게 물었다.

"그대는 어떻게 수수께끼를 풀었는가?"

대신이 대답했다.

"그것은 저의 지혜가 아닙니다."

"그럼 누구로부터 빌린 지혜인가?"

대신은 잠시 머뭇거리다가 용기를 내어 왕에게 말했다.

"사실 저에게는 늙으신 아버님이 계신데, 나라에서 노인을 모시지 못하게 하여 깊은 동굴 속에 숨겨두었습니다. 지금까지 수수께끼를 푼 것은 모두 아버지의 지혜입니다. 원컨대 왕께서는 온 나라에 명령하여 노인을 버리지 말게 하옵소서."

왕은 대신의 말을 듣고 크게 뉘우쳤다. 왕은 모든 신하와 백성들에게 명했다.

"이제부터 노인을 버리는 일이 없도록 하라. 앞으로는 부모나 스승을 공경하지 않으면 큰 벌을 내리리라!"

- 출전 : 『잡보장경』 권1·4/ 『잡보장경』 권2·14
- 원전에는 천신(天神)이 수수께끼를 던진 것으로 되어 있고, 질문도 다양하다. 여기에 소개되지 않은 나머지 밀문은 『현우경』 권1 「해신난문선인품」, 『법구비유경』 권2 「화향품」에 자세히 나온다. 또 여기에 소개된 수수께끼는 『현우경』 권7 「리기미칠자품」, 『근본설일체유부비나야잡사』 권28에도 나온다.
- 이 이야기 중 어미 말과 새끼 말을 구분하는 내용은 성서 외경 중 「솔로몬의 지혜(The Wisdom of Solomon)」

사람을 나이로 평가하는 것은 어리석은 일이다. 나이 든다는 것은 점점 쓸모없어진다는 의미가 아니라, 가장 쓸모 있을 때가 얼마 남지 않았다는 것을 의미한다. 경험에서 지혜를 배워라. 한 사람의 인생에는 수만 권의 책으로 기록하지 못할 지혜가 들어 있다.

## 왕이라도 못하는 일

어떤 왕에게 아름다운 딸이 있었다. 왕은 공주를 너무나 사랑하여 그녀가 원하는 것이면 무엇이든 해주었다. 어느 날, 공주는 창가에 앉아 있다가 비가 내리는 모습을 지켜보았다. 그런데 추녀 끝에서 떨어진 물방울들이 바닥에 거품을 만들어 내면서 오색영롱한 빛으로 반짝이는 것이었다. 공주는 그 모습을 보고는 왕에게 달려가 말했다.

"물거품이 저렇게 아름다운 것을 처음 알았어요. 부디 저 물거품으로 머리에 쓰는 화관(花冠)을 만들어주세요."

왕이 난감함 표정을 지으며 공주에게 말했다.

"물거품은 손으로 잡으면 곧 꺼져 없어지는 것이란다. 물거품으로 화관을 만들 수는 없어."

그러나 공주는 왕에게 떼를 쓰며 말했다.

"만일 저 물거품을 갖지 못하면 죽어버리고 말겠어요."

왕은 하는 수 없이 장식품 만드는 장인들을 불러 명하였다.

"너희는 무엇이든 만들 수 있는 재주를 가졌다. 그러니 저 물거품으로 공주의 화관을 만들라. 만일 그렇게 하지 못하면 너희들의 목을 베리라."

장인들은 머리를 조아리며 소리쳤다.

"물거품으로 화관을 만들 수는 없나이다."

그때, 한 늙은 장인이 왕에게 아뢰었다.

"제가 물거품으로 화관을 만들겠습니다."

왕은 매우 기뻐하며 공주에게 말했다.

"지금 어떤 장인이 물거품으로 화관을 만들 수 있다고 한다. 네가 직접 가서 구경해보렴."

공주는 신이 나서 장인에게 달려갔다. 늙은 장인이 공주에게 말하였다.

"저는 어떤 물거품이 좋은 것인지 잘 알지 못합니다. 공주께서 직접 좋은 물거품을 골라 집어 주시면 제가 그것으로 화관을 만들겠습니다."

공주는 곧 추녀 밑에 떠다니는 물거품을 손으로 집었다. 그러나 물거품은 손에 닿자마자 모두 꺼져버렸다.

• 출전 : 『출요경』 권24 「관품」

손으로 잡을 수 없는 욕망에 휘둘리지 말라. 물거품이 꺼졌을 때 남는 것은 아무것도 없다.

# 친구를 사귀려면

은인에게 은혜 갚기 | 내 친구를 먼저 만나보세요 | 이간질하는 자의 운명 | 친구를 사귀려면 | 죽게 생겼는데 | 칼보다 날카로운 | 친구로 위장한 적 | 나쁜 친구와 함께 산다는 것은 | 구슬 때문에 잃은 조카의 신뢰 | 적과 함께 산다는 것 | 타고난 본성 | 망둥이가 뛰면 꼴뚜기도 뛴다

## 은인에게 은혜 갚기


 왕이 전쟁에 나갔다가 패하여 홀몸으로 어느 시골에 몸을 숨겼다. 무기를 들고 말을 탄 무사가 마을에 도착하자 시골 사람들은 모두 두려워하여 문을 닫아걸었다. 그때 농부 한 사람이 왕을 맞이하며 말했다.
 "당신은 우리 편입니까, 아니면 적군입니까?"
 왕이 대답했다.
 "이 나라 사람이오."
 그러자 농부는 집으로 왕을 맞아들였다. 농부는 아내로 하여금 손님의 발을 씻어주게 하고, 맛있는 음식을 대접했다. 그리고 깨끗한 침대를 마련해주고, 왕이 타고 온 말에게 물과 먹이를 준 다음 등에 기름을 발라주었다.
 왕은 농부의 집에서 며칠 동안 묵었다. 이윽고 적군이 포위를 풀자 왕은 궁궐로 돌아가기로 했다. 왕은 그동안 받았던 농부의 친절에 감복했다. 왕은 마을을 떠나며 농부에게 말했다.
 "내 집은 성 한복판에 있네. 만일 성에 올 일이 있으면 문지기에게 '대기수'라는 사람을 찾게. 그러면 나를 만날 수 있을 걸세."

마침내 왕은 마을을 떠났다. 그는 곧 자신을 찾고 있던 군사와 만나 다시 성으로 돌아갔다. 왕은 성 앞에 이르자 문지기에게 말했다.

"혹시 나중에 대기수라는 사람을 찾아오는 자가 있으면 나에게 안내하라."

그러나 세월이 흘러도 농부는 찾아오지 않았다. 왕은 농부가 찾아오게 할 방법을 궁리하다가 이런 생각을 떠올렸다.

'그가 사는 마을의 세금을 두 배로 올리면 내게 하소연하기 위해 찾아오겠지.'

왕은 그 마을의 세금을 두 배로 올렸다. 하지만 거듭 세금을 올려도 농부는 나타나지 않았다.

한편 농부가 사는 마을 사람들은 연거푸 세금이 오르자 걱정이 태산 같았다. 그들은 이를 상의하기 위해 농부의 집을 찾아갔다.

"대기수라는 사람이 다녀간 이후 세금이 세 배나 올랐소. 아마 그 사람은 성에서 지위가 높은 사람일 듯싶소. 그가 왔을 때 당신이 친절히 대접해주었으니 그 사람에게 가서 사정을 설명하고 세금을 깎아보는 게 어떻겠소?"

결국 농부는 사람들에게 등을 떠밀려 성으로 가서 대기수란 사람을 만나보기로 했다. 농부는 사람들의 청을 수락한 다음 이렇게 말했다.

"빈손으로 갈 수는 없으니 그에게 바칠 선물을 준비해 주십시오."

사람들은 과자를 굽고, 깨끗한 옷을 지어 선물을 마련했다. 이윽고 농부는 선물을 가지고 성으로 향했다. 성문 앞에 도착하자 그는 왕이 말했던 대로 문지기에게 물었다.

"혹시 대기수라는 사람을 아시오?"

문지기는 재빨리 그를 왕에게 안내했다. 왕은 농부를 보자 몸을 얼싸안으며 기뻐했다. 왕은 농부를 데리고 높은 누각에 올라 왕의 자리에 앉혔다. 그리고 왕비를 불러 말했다.

"내 벗의 발을 씻어드리시오."

왕비는 시키는 대로 농부의 발을 씻어주었다. 농부가 전대에 넣은 과자를 선물로 내놓자 왕은 기꺼이 이를 받아먹었고, 소박한 옷을 내놓자 비단 옷을 벗고 그 옷을 입었다. 그런 다음 포고령을 내려 나라의 절반을 농부에게 주었다.

이에 놀란 대신들이 왕자에게 이 사실을 알렸다.

"저 보잘것없는 농부에게 나라의 절반을 내주다니 있을 수 없는 일입니다. 그 사람이 누구인지는 모르나 왕자께서 말리셔야 합니다."

왕자는 신하들의 말이 옳다고 여겨 왕에게 달려가 말했다.

"이제 그만두십시오."

왕이 말했다.

"왕자여, 내가 전쟁에서 패하여 적에게 쫓겼을 때 어디에 있었는지 아는가?"

"모릅니다."

"저 사람은 내가 죽을 고비에 처해 있을 때 나를 구해 준 은인이다. 그는 나의 진정한 친구이다. 진정한 친구는 어려움에 처했을 때 얻어지는 것이다. 그런 친구에게 어찌 나의 재물을 아낀단 말이냐."

• 출전: 『본생경』 302

은혜를 입었다면 마땅히 이를 갚는 것이 도리이다. 그러나 은혜를 돈으로 갚는 것은 가장 낮은 갚음이고, 몸으로 갚은 것은 중간이며, 마음에서 우러나 받은 대로 갚는 것이 최고의 갚음이다.

## 내 친구를 먼저 만나보세요

어떤 숲 속에 수백 마리의 산양이 살고 있었다. 산양이 사는 곳에서 멀지 않은 곳에는 승냥이 부부도 살고 있었다. 승냥이 부부는 날마다 산양을 잡아먹어 점점 살이 쪘고, 산양의 숫자는 점점 줄어들었다.

마침내 산양의 무리는 승냥이에게 모두 잡혀먹고 지혜로운 산양 한 마리만이 남게 되었다. 승냥이 부부는 마지막 한 마리까지 잡아먹으려 했으나 산양이 너무나 지혜로워 잡아먹기가 쉽지 않았다.

어떤 방법으로 잡아먹을까 고민하던 승냥이는 마침내 아내와 의논하기로 했다. 곰곰이 생각에 잠겨 있던 아내가 말했다.

"제가 먼저 산양과 친해질게요. 그러면 산양은 우리를 의심하지 않게 될 거예요."

약속대로 암컷 승냥이는 산양에게 접근하여 온갖 부드러운 말로 산양을 설득했다. 이윽고 산양은 암컷 승냥이와 친해졌다. 수컷 승냥이는 아내와 약속한 대로 죽은 척 누워버렸다. 암컷 승냥이가 산양에게 다가가 도움을 요청했다.

"지금 제 남편이 죽었어요. 혼자서는 땅에 묻을 수 없으니 함께 묻어주세요."

그 말을 들은 산양이 말했다.

"우린 친구지만 갈 수 없습니다. 당신의 남편은 내 친구들을 모두 잡아먹었습니다."

"걱정할 것 없어요. 남편은 이미 죽었어요."

산양은 그 말을 믿고 따라갔다. 그러나 가까이 다가가자 죽은 척하며 누워 있던 수컷 승냥이의 눈빛이 반짝였다. 산양은 그의 눈빛을 보고 속임수라는 것을 깨달았다. 산양은 재빨리 달아났다.

암컷 승냥이는 몹시 아쉬워하며 남편을 위로했다.

"다른 방법을 찾아보겠어요."

암컷 승냥이는 다시 산양에게로 다가가 거짓으로 말했다.

"남편이 살아났어요. 아마 당신의 발걸음 소리를 듣고 놀라 제정신을 차린 모양이에요. 남편도 당신의 은혜에 감사하고 있어요. 남편도 당신과 친구가 되고 싶어 해요."

산양은 더 이상 속지 않았다. 산양은 가만 생각에 잠겨 있다가 태연히 말했다.

"나도 힘센 승냥이와 친구가 되는 것이 좋아요. 하지만 저에게는 친구들이 아주 많답니다."

"어떤 친구들이죠?"

"마을에 500마리의 사냥개가 있는데, 그들은 모두 내 친구죠. 곧 당신의 남편을 만나러 가겠어요. 하지만 사냥개들도 모두 따라갈 거니까 음식을 마련해두세요."

그 소리를 듣고 암컷 승냥이는 혼비백산하여 도망쳤다. 암컷 승냥이는 도망치면서 혹시 산양이 따라올까봐 소리쳤다.

"친구들을 데려올 필요 없어요. 남편에게 당신이 오지 못하는 이유를 잘 설명할게요."

• 출전 : 『본생경』 437

사기꾼이나 바람둥이의 가장 큰 특징은 누구에게나 지나치게 친절하다는 것이다. 지혜로운 사람만이 그들의 악한 의도를 꿰뚫어본다. 그런 지혜를 갖지 못했다면, 친구에게서 지혜를 빌려라.

# 이간질하는 자의 운명

 히말라야 산 기슭에 사자와 호랑이가 살고 있었다. 두 짐승은 사이좋은 친구가 되어 서로의 털을 핥아주고 사냥을 하면 반드시 고기를 나누어 먹었다.
 근처의 숲에 승냥이 한 마리가 살고 있었다. 승냥이는 사자와 호랑이의 우정을 질투하여 늘 두 짐승을 떨어뜨려 놓으려는 생각을 갖고 있었다.
 어느 날, 승냥이는 사자와 호랑이를 찾아가 말했다.
 "저는 당신들과 친구가 되고 싶습니다. 부디 허락해주십시오."
 사자와 호랑이는 승냥이를 친구로 받아들였다.
 그날 이후 승냥이는 두 짐승을 쫓아다니며 먹다 남은 고기를 해치웠다. 그리하여 승냥이는 점점 살이 찌고 덩치도 커졌다. 힘이 세졌다는 것을 깨달은 승냥이는 혼자 곰곰이 생각했다.
 '저 두 놈은 항상 좋은 고기만을 먹는다. 만일 겨울이 와서 먹을 것을 사냥하지 못 하게 되면 반드시 나까지 잡아먹을 것이다. 그러니 내가 먼저 수를 써서 두 짐승을 갈라놓으리라.'

그렇게 생각한 승냥이는 먼저 사자를 찾아가 말했다.

"사자님, 호랑이가 사자님에 대해 무슨 말을 하고 다니는지 아십니까?"

"그게 무슨 소리냐?"

"호랑이는 속으로 나쁜 마음을 먹고 있습니다. 우리들이 먹는 고기는 모두 제 힘으로 얻은 것이라고 떠벌리고 다닙니다."

순간 사자는 미심쩍은 마음이 들었지만 승냥이의 말도 그럴 듯하다고 여겼다. 승냥이는 기회를 놓치지 않고 가까이 다가가 말했다.

"분명 호랑이는 기회를 노리고 있다가 사자님을 해칠 것입니다."

"어떻게 미리 준비를 할 수 있겠느냐?"

승냥이가 눈을 번쩍이며 대답했다.

"만일 호랑이가 지그시 눈을 감은 채 사자님의 털을 핥으면 분명 해치려는 징조입니다."

승냥이는 다시 호랑이에게 달려가 말했다.

"사자는 호랑이님에게 나쁜 마음을 가지고 있습니다. 우리가 먹는 고기는 모두 자신이 잡은 것이라고 떠벌리더군요. 사자는 반드시 호랑이님을 해치고 이 숲의 주인이 되려고 할 것입니다. 그러니 미리 준비를 하고 있어야 합니다."

호랑이는 그 말을 듣고 깜짝 놀랐다.

"그의 마음을 어떻게 알고 미리 준비한단 말이냐?"

"만일 사자가 지그시 눈을 감고 호랑이님의 털을 핥으면 바로 해치고자 하는 마음이 있는 것입니다."

그 말을 들은 호랑이는 걱정이 태산 같았다. 호랑이는 사자와 서로 싸우는 것을 원치 않았다. 그래서 호랑이는 먼저 사자에게 달려가 말했다.

"혹시, 자네는 나를 해칠 마음을 가지고 있는가?"

호랑이의 물음에 사자가 되물었다.

"누가 그런 말을 하던가?"

"승냥이가 말해주더군."

이번에는 사자가 호랑이에게 물었다.

"자네도 나를 해칠 마음을 가지고 있는가?"

"아닐세."

순간 두 짐승은 승냥이의 흉계라는 것을 알아차렸다. 사자와 호랑이는 함께 승냥이를 붙잡아 죽여버렸다.

• 출전 : 『십송률』 권9/ 『사분율』 권11/ 『경률이상』 권47/ 『근본설일체유부비나야』 권26

다른 사람에 대한 험담을 늘어놓는 자를 조심하라. 누군가를 험담하는 것은 그가 음험한 성격의 소유자라는 것을 알려주는 징조이다.

# 친구를 사귀려면

 수레를 끌고 날마다 수백 리를 걷는 당나귀가 있었다. 어느 날, 당나귀 주인이 아우에게 당나귀를 맡기며 당부했다.
 "내 당나귀를 다른 당나귀와 어울리게 해서는 안 된다."
 그 말을 들은 아우는 이상한 생각이 들었다.
 "지혜로운 사람도 서로 맞는 사람을 만나면 기뻐하고, 아첨꾼도 서로 마음이 맞으면 기뻐합니다. 그러니 저 당나귀도 친구를 만나면 기분이 좋지 않겠어요?"
 그러면서 아우는 되레 당나귀를 풀어놓아 다른 당나귀들과 어울릴 수 있도록 하였다. 다른 당나귀들과 어울리면서 그는 통통하게 살이 찌고 때깔도 좋은 친구를 만났다. 이를 부러워한 당나귀가 친구에게 물었다.
 "넌 어떻게 해서 그렇게 살이 쪘지?"
 "내 주인은 옹기를 굽는 사람이야. 그래서 난 늘 흙을 실어 날랐지. 내가 험한 길을 갈 적에는 이내 그 자리에 누웠어. 그랬더니 주인이 나 대신 흙을 지고 가더군. 또 주인은 나를 들에 풀어놓아 길렀어. 그래서 난 늘 좋은 풀을 골라 먹을 수 있었고, 마구간에 돌아가서도 맛있는 풀과 곡식을 먹었어. 내가 살이 찐 건 그 때문이야."

친구는 당나귀에게 되물었다.

"그런데 넌 왜 그렇게 야위었지?"

"난 수레를 끌고 날마다 5백 리를 걷는 바람에 제때에 먹지 못했어."

당나귀는 친구의 말을 듣고 큰 충격을 받았다. 그리하여 당나귀는 이튿날부터 울지도 않고 숨을 헐떡거리며 먹이를 먹지 않았다. 또 수레를 매어주면 그 자리에 주저앉아 움직이지 않았다. 그러자 새 주인은 몹시 화를 내며 당나귀의 털과 귀를 잘라버렸다.

당나귀는 고통을 당하자 옛 주인을 찾아가 눈물을 흘리며 하소연했다.

"사실은 나쁜 친구를 만나 이렇게 된 것입니다. 저도 그 친구처럼 행동하면 들에 풀어놓아 살이 찔 것이라 생각했습니다. 그런데 도리어 귀와 털까지 잘렸습니다."

• 출전 : 『경률이상』 권47

가까이 지낸다고 해서 모두 친구는 아니다. 1년에 한 번을 만나도 내게 도움이 되는 친구가 있고, 날마다 만나도 나에게 해를 끼치는 친구가 있다.

## 죽게 생겼는데

작은 연못에 뱀과 두꺼비와 거북이 살고 있었다. 이들은 친한 벗이 되어 해치지도 않고 서로 도우며 사이좋게 살았다.

하지만 한여름이 되자 날씨는 더워지고 비는 오지 않았다. 몇 달 동안 비 한 방울 내리지 않자 연못의 물도 점점 말라가기 시작했다. 그래도 뱀과 두꺼비와 거북은 서로 먹이를 나누며 고통을 견뎠다.

그러나 타는 듯한 가뭄이 계속되자 마침내 연못도 바닥을 드러내고 말았다. 더 이상 먹을 것을 찾지 못한 이들은 배가 고프고 기운이 빠져 움직일 수조차 없었다.

참다못한 뱀이 거북을 불렀다. 거북이 다가가자 뱀이 눈꺼풀을 치켜뜨며 말했다.

"거북아, 두꺼비한테 내 말 좀 전해주지 않을래?"

"무슨 말인데?"

"힘들고 배고프면 배를 채우는 게 먼저라고."

거북은 그 말을 듣고 두꺼비에게 다가가 말했다.

"뱀이 하는 말이 힘들고 배고프면 배를 채우는 게 먼저래."

그러자 두꺼비가 대답했다.
"거북아, 내 말도 좀 전해주지 않을래?"
"무슨 말인데?"
"나는 절대 배고픈 뱀 곁에는 가지 않겠다고."

• 출전 : 『경률이상』 권48

배가 부를 때는 사람이 너그러워진다. 그러므로 모든 것이 풍족할 때는 누구나 친구가 될 수 있다. 내가 아쉬운 것도 없고, 내게 부탁하는 사람도 없기 때문이다. 그러므로 진짜 친구는 곤경에 처한 뒤에야 알 수 있다.

## 칼보다 날카로운

소치는 농부가 있었다. 어느 날 농부는 소에게 풀을 먹이고 돌아오는 길에 새끼 밴 암소 한 마리를 잃어버리고 말았다.

암소는 주인을 잃고 헤매다가 숲에서 사자 한 마리를 만나 친구가 되었다. 그들은 벗이 되어 함께 지내다가 각자 새끼 한 마리씩을 낳았다.

사냥꾼 한 사람이 이 일을 목격하고는 신기하게 여겼다. 마침 사냥꾼은 왕에게 사냥한 짐승을 바치러 가는 길이었다. 왕 앞에 이르자 사냥꾼은 숲에서 보았던 이상한 일을 왕에게 말했다. 왕이 말했다.

"다른 한 마리가 더 끼어들면 반드시 화가 닥칠 것이다. 그런 일이 생기거든 나에게 알리거라."

사냥꾼이 다시 숲으로 가자 승냥이가 소와 사자를 따라다니며 섬기고 있었다. 사냥꾼은 승냥이를 확인하고 이 사실을 곧 왕에게 알렸다. 그 사이 승냥이는 소와 사자 사이를 오가며 이간질을 하기 시작했다.

먼저 승냥이는 사자에게 접근하여 가만히 속삭였다.

"소가 항상 당신을 욕하고 다닙니다."

이번에는 소에게 가서 말했다.

"사자가 항상 당신을 욕하고 다닙니다."

소와 사자는 결국 싸움을 벌여 큰 상처를 입었다. 이윽고 사냥꾼이 궁궐에 도착하여 왕에게 아뢰었다.

"두 마리 사이에 승냥이가 끼었습니다."

"그렇다면 서로 죽이게 될 날이 머지않았다."

왕은 수레를 타고 숲으로 향했다. 숲에 이르니 승냥이가 사자와 소의 시체를 앞에 놓고 번갈아 가며 고기를 맛보고 있었다. 왕이 그 모습을 바라보며 말했다.

"이간질하는 혀는 날카로운 칼과 같구나!"

• 출전 : 『본생경』 350

말로 속이려는 자는 항상 둘 사이에 끼어들어 틈을 만든다. 그 틈이 벌어지면 벌어질수록 끼어든 자의 이익은 불어난다. 둘이 좋은 관계에 있다면 다른 사람이 끼어들지 못하게 하라. 누군가 끼어들면 끼어들수록 둘 사이의 틈은 더욱더 벌어진다.

## 친구로 위장한 적

 어떤 숲 속에 까마귀 떼와 올빼미 떼가 무리를 지어 살고 있었다. 하지만 두 무리는 서로를 미워하여 호시탐탐 상대방의 둥지를 노렸다. 까마귀는 낮에 올빼미가 앞을 보지 못한다는 것을 알고 올빼미의 새끼를 잡아먹었고, 밤이 되면 올빼미가 까마귀의 새끼를 잡아먹었다. 그렇게 두 무리는 한시도 마음 놓을 날 없이 불안한 나날을 보냈다.
 까마귀 무리 중에 제법 똑똑한 녀석이 있었다. 하루는 똑똑한 까마귀가 동료들에게 말했다.
 "우리와 올빼미는 서로를 공격하는 바람에 모두 죽을 위기에 처해 있어. 그러니 우리가 먼저 계략을 세워 올빼미들을 죽여버려야 해."
 "옳은 얘기지만 어떻게 올빼미들을 없앤단 말이야?"
 "나에게 좋은 생각이 있어. 우선 너희들이 달려들어 내 털을 뽑고 머리에 상처를 입혀."
 동료들이 그의 말에 따르자 까마귀는 올빼미에게 달려가 슬피 울며 말했다.
 "나쁜 까마귀들이 저를 괴롭히는 바람에 도저히 참을

수가 없어 도망쳐왔습니다. 나를 좀 숨겨주세요."

올빼미들은 그 까마귀를 불쌍히 여겨 자신들의 나무 동굴 속에 머물도록 하고, 먹이와 쉴 곳을 제공했다. 이윽고 시간이 지나자 빠졌던 까마귀의 털은 다시 돋아났고, 상처도 아물었다. 그러자 까마귀는 마른 나뭇가지와 풀을 물어다가 올빼미 굴에 쌓았다. 이를 지켜보던 올빼미가 말했다.

"나에게 둥지는 필요 없어. 나무동굴이면 충분하단다."

"아니에요. 겨울이 되면 무척 추울 거예요. 저도 은혜를 입었으니 갚아야지요."

그러면서 까마귀는 부지런히 나뭇가지와 마른풀을 날랐다. 마침내 겨울이 되어 눈보라가 휘몰아치기 시작했다. 그때를 틈타 까마귀는 모닥불에서 불씨를 물어다가 올빼미 굴을 몽땅 태워버렸다. 그리하여 올빼미는 한 마리도 남지 않고 모두 불에 타 죽고 말았다.

• 출전 : 『잡보장경』 권10 · 120

적이 내게 다가올 때는 늘 친구로 위장한 채 찾아온다.

# 나쁜 친구와 함께 산다는 것은

 어떤 스님이 깊은 산 속에 머물면서 도를 닦고 있었다. 그런데 오랫동안 빨지도 않은 누더기만 걸치고 있었기 때문에 몸에는 늘 이가 들끓었다.
 이가 몸뚱이를 마구 물어뜯자 스님은 수행을 하면서도 정신을 집중할 수 없었다. 참다못한 스님은 이를 불러놓고 말했다.
 "내가 지금 수행을 하고 있는데 그렇게 방해를 해서야 쓰겠느냐? 그러니 앞으로 내가 수행을 하고 있는 동안에는 절대로 내 몸을 물지 말거라. 그 대신 좌선에 들어가지 않았을 때는 마음대로 물어도 괜찮다."
 이는 스님의 말을 듣고 그렇게 하겠다고 약속했다. 그날 이후 이는 스님과의 약속을 철저히 지키며 절대로 좌선을 방해하지 않았다.
 그러던 어느 날, 벼룩 한 마리가 이를 찾아와 물었다.
 "넌 참 토실토실하게 살이 쪘구나. 어떻게 했기에 그렇게 살이 오르고 혈색도 좋은 거지? 내게 가르쳐주지 않을래?"
 이는 벼룩이 칭찬하는 소리를 듣자, 어깨가 으쓱해졌

다. 칭찬에 정신이 팔린 이는 그만 벼룩에게 사실을 이야기해주었다.

"내 주인은 언제나 좌선을 하고 계시는데, 나에게만은 시간을 정해서 충분히 피를 빨아먹게 하고 있단다. 나도 약속대로 하고 있기 때문에 먹을 걱정 없이 이렇게 살이 찐 거야."

그러자 벼룩은 이에게 사정했다.

"보다시피 나는 이렇게 여위고 깡말랐어. 이곳에서 함께 살면 안 될까?"

이는 벼룩을 불쌍히 여겨 함께 사는 것을 허락했다. 하지만 스님과의 약속만큼은 꼭 지킬 것을 부탁했다.

"네가 함께 사는 것은 좋지만 스님과의 약속은 꼭 지켜야 해."

그래서 벼룩은 이와 함께 스님의 몸에서 살게 되었다.

그러던 어느 날, 스님이 아침 일찍 좌선을 시작했다. 벼룩은 코끝을 간질이는 살 냄새를 맡고는 더 이상 참을 수가 없었다. 벼룩은 이와의 약속을 까맣게 잊은 채 정신없이 스님의 몸을 물기 시작했다.

그때, 좌선에 들었던 스님은 마음의 고요함이 깨져 수행을 중지할 수밖에 없었다. 스님은 자리에서 일어서며 말했다.

"그렇게 약속했건만 끝내 약속을 지키지 않는구나."

결국 스님은 누더기 옷을 벗어 불에 태워버렸다. 이와 벼룩은 함께 불에 타 죽고 말았다.

• 출전 : 『대방편불보은경』 권4 「악우품」 / 『경률이상』 권48

좋은 친구를 곁에 두는 것은 함께 나누는 것이다. 그러나 나쁜 친구를 곁에 두는 것은 함께 해를 입는 것이다.

# 구슬 때문에 잃은 조카의 신뢰

두 형제가 있었다. 형은 성품이 정직하고 항상 베풀기를 좋아했다. 사람들 사이에서 그를 칭찬하는 소리가 널리 퍼지자 나라에서는 그를 재판관에 임명했다.

그 무렵 한 상인이 재판관의 아우에게 많은 돈을 빌렸다. 그는 형을 찾아가 증인이 되어줄 것을 부탁했다. 형이 승낙하자 상인은 돈을 빌려 먼 바다로 떠났다.

그러나 얼마 후, 아우가 갑자기 세상을 떠났다. 상인 역시 바다로 나갔다가 풍랑을 만나 배를 잃고 간신히 목숨을 구하여 돌아왔다. 죽은 아우에게는 외아들이 있었다. 아들은 상인이 아버지로부터 큰돈을 빌려간 것을 알고 있었으나, 가까스로 목숨을 구하여 돌아온 상인의 몰골이 너무나 딱하여 굳이 빚을 독촉하지 않았다.

세월이 흘러 상인은 다시 바다로 나가 큰돈을 벌어왔다. 부자가 된 상인은 옛날에 빌린 돈 때문에 은근히 걱정이 되었다. 하지만 돈을 빌릴 때 그 아들이 어렸으므로, 돈을 빌려준 사실을 기억하지 못할 것이라 생각했다. 그러나 마음은 여전히 불안하여 그 아들을 시험해보기로 했다.

어느 날, 상인은 화려한 옷을 입고 시장 한가운데를

걸어갔다. 아들이 그 모습을 보고는 상인이 많은 돈을 벌었음을 알았다. 아들은 상인에게 사람을 보내 빚을 갚으라고 요구했다.

오래 전에 빌린 빚은 이자가 붙어 훨씬 큰 액수가 되어 있었다. 상인은 그 돈을 갚을 생각을 하니 너무나 아까운 생각이 들었다. 그리하여 그는 귀한 보배 구슬 하나를 가지고 재판관의 부인에게 가서 말했다.

"이 구슬은 10만 냥의 가치가 있습니다. 내가 전날에 돈을 빌린 일이 있는데, 만일 그 아들이 찾아와 고발하면 재판관에게 증인이 되지 말아달라고 부탁해주십시오."

"남편은 성품이 정직하여 내 말을 듣지 않을 것입니다. 더구나 돈을 받을 사람은 남편의 조카입니다. 하지만 한번 말은 해보지요."

아내가 상인의 말을 전하자 역시 남편은 그 말을 듣지 않았다. 결국 부인이 구슬을 돌려주려 하자 상인은 다시 20만 냥의 가치가 있는 구슬을 주며 부탁했다.

"말 한마디만 잘하면 20만 냥을 얻는 것입니다. 만일 내가 재판에서 지고 그가 이긴다고 생각해보십시오. 남편에게는 그가 비록 조카지만 재판에 이겨도 아무런 대가도 받지 못할 것입니다. 하지만 내가 이긴다면 20만 냥이 공짜로 생기는 것입니다."

부인은 20만 냥짜리 구슬을 보자 욕심이 생겼다. 그녀는 다시 남편을 설득하기 시작했다. 그러나 남편은 이번에도 완강히 거부했다. 그러자 아내가 말했다.

"한마디 말만 하면 20만 냥을 얻을 수 있는데 너무하십니다. 내 말을 듣지 않겠다면 저는 아들과 함께 차라리 목을 매 죽겠습니다."

그 말을 들은 재판관은 하는 수 없이 아내의 말에 따르기로 했다.

이윽고 상인이 빚을 갚지 않으며 모르는 일이라고 잡아떼자, 조카는 관가에 이 사실을 고발했다. 그러나 철석같이 믿었던 큰아버지가 모르는 일이라고 잡아뗐다. 조카는 큰아버지에게 분개하며 말했다.

"백부께서 성품이 진실하기 때문에 나라에서 재판관을 시켰고, 백성들이 믿는 것입니다. 하지만 조카에게까지 진실하지 못한데 다른 사람에게는 오죽하겠습니까? 그러나 진실은 언젠가 밝혀지는 법입니다."

• 출전 : 『현우경』 권5 「장자무이목설품」

가장 큰 적은 바로 내 곁에 있다. 아무리 청렴하고자 하나 내 가족이 청렴하지 못하면 그의 인품은 빛을 잃는다. 먼저 내 곁을 살펴라. 진짜 큰 도적은 가장 가까이 있는 법이다.

## 적과 함께 산다는 것


 어떤 부자가 엄청난 재산을 남기고 죽었다. 그런데 그 부잣집에는 영리한 생쥐 한 마리가 살고 있었다. 주인이 죽자 곳간도 비어버렸다. 생쥐는 살길이 막막해지고 말았다. 생쥐는 고민 끝에 한 가지 꾀를 생각해냈다.

 생쥐는 부자가 엄청난 돈을 숨겨둔 곳을 알고 있었다. 생쥐는 금화가 잔뜩 묻혀 있는 토굴에 들어가 생각했다.

 '이 금화만 있으면 배를 주리는 일은 없을 것이다.'

 생쥐는 금화 한 닢을 입에 물고 그 마을에서 가장 마음씨 착한 사람을 찾아갔다. 그러고는 착한 사람 앞에 금화 한 닢을 내려놓았다. 그 사내는 금화 한 닢을 보고 생쥐에게 물었다.

 "이 금화가 어디서 났느냐?"

 생쥐는 싱긋 미소를 지으며 말했다.

 "제가 날마다 금화를 물어다드릴 테니 그것으로 제가 먹을 먹이를 사주십시오. 나머지는 당신이 가져도 좋습니다."

 사내는 그렇게 하겠다고 대답했다. 이튿날부터 생쥐는 죽은 부자의 집에서 금화 한 닢씩을 물어다 주었다.

그 사내는 금세 부자가 되었고, 생쥐 또한 행복한 나날을 보내게 되었다.

그러던 어느 날, 생쥐는 커다란 고양이와 마주쳤다. 고양이가 잡아먹으려 하자 생쥐는 큰 소리로 외쳤다.

"당신은 오늘만 배부르고 싶습니까? 아니면 평생 배부르게 살고 싶습니까?"

"물론 평생 배를 곯지 않는 게 좋지."

"그렇다면 저를 살려주십시오. 집주인은 저에게 매일 먹이를 주고 있습니다. 그것을 당신께 나누어드리겠습니다."

고양이는 그 말을 믿고 생쥐를 살려주었다. 다음날부터 생쥐는 주인이 주는 먹이를 고양이와 나누어 먹었다. 그러나 이번에는 또 다른 고양이가 나타났다. 그러자 생쥐는 먹이를 셋으로 나눌 수밖에 없었다.

그렇게 여러 날이 지나자 먹이가 점점 부족하게 되었다. 결국 생쥐는 점점 여위다가 마침내는 굶어죽고 말았다.

• 출전 : 『본생경』 137

생쥐의 본성은 몰래 훔쳐 먹거나 흘린 것을 주워 먹는 것이다. 하지만 생쥐는 위험한 도박을 선택했다. 남이 주는 먹이에 습관이 되어버린 것이다. 길들여진 짐승은 남의 도움 없이는 살아갈 수 없다. 결국 그는 편안한 먹이에 중독이 되어 스스로의 본성을 잃어버리고 말았다.

천적을 만났을 때는 사생결단으로 도망치는 것이 상책이다. 그러나 생쥐는 도망칠 기회를 스스로 없애버렸다. 천적과의 거래는 손해 보는 거래이다.

단추를 한번 잘못 꿰면 옷이 비뚤어지게 된다. 첫 단추를 잘못 꿰었을 때는 과감하게 단추를 풀고 처음부터 다시 꿰어야 한다.

# 타고난 본성

 어느 날, 먹이를 찾던 뱀 한 마리가 행자 스님의 방 안으로 들어왔다. 행자는 뱀을 잡아 대나무 그릇에 넣어두고 먹이를 주며 귀여워했다. 스승이 그 소식을 듣고 행자를 불러 말했다.
 "뱀은 믿을 수 없는 동물이니 가까이해서는 안 된다."
 행자가 대답했다.
 "이 뱀은 저에게 가족과 같습니다. 이 뱀이 없으면 저는 살 수 없습니다."
 "언젠가 그 뱀으로 인하여 목숨을 잃게 될 것이다."
 "아닙니다. 제 아무리 독사라 할지라도 보살펴주는 사람을 물지는 않을 것입니다."
 그 뒤 행자는 과일을 따기 위해서 들로 나갔다. 그러나 과일을 얻지 못하자 며칠 동안이나 들에서 노숙을 하게 되었다. 행자는 아무것도 먹지 못하고 있는 뱀이 걱정되었지만, 과일을 얻지 못했으므로 돌아갈 수가 없었다.
 이윽고 행자는 며칠 만에야 돌아올 수 있었다. 그는 뱀이 걱정되어 먹을 것을 들고 급히 방으로 달려가 대나무 광주리의 뚜껑을 열었다.

"아가야, 내가 없는 동안 무척 배고팠지?"

순간, 며칠 동안 굶주렸던 뱀은 행자의 손을 덥석 물어버렸다. 행자는 온몸에 독이 퍼져 죽었고, 뱀은 이내 숲 속으로 달아나버렸다.

• 출전 : 『본생경』 43

본래 타고난 본성은 쉽게 바뀌지 않는다. 그러므로 베풀 때에는 그의 천성을 가려서 베풀어야 하고, 사람을 가까이 할 때는 먼저 그의 성품을 본 뒤에 사귀어야 한다.

# 망둥이가 뛰면 꼴뚜기도 뛴다



숲이 우거진 산 속에 토끼 한 마리가 살고 있었다. 어느 날 토끼는 막 식사를 끝낸 뒤 나무 밑에 누워서 여러 가지 공상을 하고 있었다.

'만일 땅이 무너진다면 나는 틀림없이 죽겠지?'

생각이 여기에 미치자 토끼는 자신도 모르게 겁이 나 온몸이 부들부들 떨렸다. 그때 나무에서 도토리 한 알이 툭 떨어졌다. 그 소리에 놀란 토끼는 틀림없이 땅이 무너지는 소리라고 생각하며 뒤도 돌아보지 않은 채 도망치기 시작했다.

정신없이 달아나는 토끼를 본 다른 토끼가 물었다.

"무슨 일이야?"

"큰일 났어. 지금 땅이 무너지고 있어!"

이 말을 들은 다른 토끼도 그 토끼를 따라 덩달아 내달렸다. 토끼는 만나는 토끼마다 "땅이 무너진다!" 하고 소리치며 도망쳤다. 그러자 그 뒤를 이어 수많은 토끼들이 달려갔다.

토끼들이 달아나는 것을 보고 사슴이 물었다.

"무슨 일이야?"

"땅이 무너지고 있어요!"

사슴도 잔뜩 겁에 질려 그 뒤를 따라 달렸다. 다음에는 돼지, 다음에는 물소, 다음에는 호랑이, 다음에는 코끼리를 만났다. 그들은 모두 땅이 무너진다며 꼬리에 꼬리를 물고 달아났다.

한 마리의 사자가 달아나는 무리를 보고 물었다.

"도대체 무슨 일이냐?"

"지금 땅이 무너지고 있습니다!"

그 말을 들은 사자는 고개를 갸웃거리며 생각했다.

"땅이 무너진다는 것은 있을 수 없는 일이다. 저들이 무언가 오해한 것이 분명하다. 지금 내가 나서지 않으면 저들은 곧 서쪽 바다에 빠져 죽고 말 것이다."

사자는 얼른 그들을 막아서며 큰 소리로 세 번 울부짖었다. 그제야 짐승들은 모두 놀라 멈추어 섰다. 사자는 그들을 향해 큰소리로 외쳤다.

"무엇 때문에 달아나는가?"

"땅이 무너지고 있습니다."

"땅이 무너지는 것을 누가 보았는가?"

"코끼리들이 알고 있습니다."

사자가 코끼리에게 물었더니 코끼리들은 호랑이 핑계를 댔고, 호랑이는 물소 핑계를 댔고, 물소는 돼지 핑계를 댔다. 다시 돼지는 사슴에게, 사슴은 토끼에게 들었다고 했다.

결국 사자는 토끼 앞까지 이르렀다. 사자가 물었다.

"너는 어째서 땅이 무너진다고 했는가?"

"저는 틀림없이 땅이 무너지는 소리를 들었습니다."

"어디에서 들었는가?"

"저쪽 산기슭 큰 나무 아래서 들었습니다."

사자는 토끼를 앞세우고 큰 나무 밑으로 향했다.

"바로 이곳에서 그 소리를 들었습니다."

사자가 나무 아래를 살펴보니 잘 익은 도토리 하나가 떨어져 있을 뿐이었다.

- 출전 : 『본생경』 322/ 『근본설일체유부비나야』 권38
- 『예기(禮記)』 「곡례상(曲禮上)」에 부화뇌동(附和雷同)이라는 말이 있다. 이는 우레가 한 번 울리면 다른 것들이 함께 소리를 낸다는 말이니, 다른 사람의 의견에 쉽게 동조하지 말라는 뜻이다. 이는 '친구 따라 강남 간다(追友江南)'는 말과 같다.

그릇이 작은 사람은 자신의 줏대를 세우지 못하고, 남의 말을 쉽게 곧이듣는다. 그런 사람은 단순히 듣는 것도 모자라 다른 사람의 말을 따르고, 행동까지 좇아 한다. 그러나 그릇이 큰 사람은 남의 말에 따르기 전에 먼저 그 근원을 살펴 이치를 따진다.

# 네가 있으므로 내가 존재한다

외톨이 나무와 숲의 나무 | 진실한 믿음 | 뭉치면 산다 | 네가 있으므로 내가 존재한다 | 흩어지면 죽는다 | 죽음보다 두려운 약속 | 책임감의 무게 | 나를 지키는 것이 곧 남을 지키는 것 | 한번 믿음을 잃으면 | 사소한 장난질 때문에 | 정직한 도붓장수

# 외톨이 나무와 숲의 나무

어느 날, 나무의 신이 땅을 내려다보니 모든 것이 엉망이었다. 숲은 베어지고, 가시덤불과 나무가 뒤엉켜 있으며, 메마른 곳에는 모래가 쌓여가고 있었다. 그 모습을 바라보던 나무의 신은 뭔가 조치를 취해야 한다는 생각이 들었다.

나무의 신은 숲의 모든 나무들에게 명령했다.

"모든 나무들은 들어라! 지금부터 숲의 질서를 바로잡겠다. 먼저 너희들이 서 있는 자리를 바로잡을 터이니 원하는 곳에 가서 서도록 하라!"

숲에 있던 가장 큰 사라나무가 주위를 돌아보며 소리쳤다.

"우리 사라나무들은 한곳에 모여 살아야 한다. 그러니 벌판으로 흩어지지 말고 높은 산으로 올라가 우리들만의 숲을 이루자!"

다른 나무들이 일제히 소리쳤다.

"좋습니다!"

대부분의 나무들은 그의 의견에 따라 산으로 올라갔다. 주위에는 금세 아름답고 푸른 숲이 만들어졌다. 그러나 몇몇 나무는 그 말에 따르지 않고 엉뚱한 고집을 부렸다.

"숲은 너무 외로워. 나는 사람들이 많은 마을이나 성안의 광장에 가서 혼자 서 있고 싶어."

그리하여 몇몇 나무들은 숲을 버리고 도시나 들판으로 가서 홀로 뿌리를 박았다.

어느 날, 심한 폭풍이 불어 닥쳤다. 그러자 외톨이로 서 있던 나무들은 모두 뿌리째 뽑혀 넘어지고 말았다. 하지만 숲을 이루고 있던 나무들은 한 그루도 넘어지지 않았다.

• 출전 : 『본생경』 74

혼자 특별한 존재는 없다. 그가 특별할 수 있는 것은 수많은 존재들이 그를 둘러싸고 있기 때문이다. 홀로 생존하는 것도 불가능하다. 우리는 서로에게 도움을 주고받으면서 살아간다. 그러므로 하찮은 존재도 없다. 나는 누군가에게 도움을 주고 있으며, 나 또한 누군가의 도움 때문에 존재하는 것이다.

## 진실한 믿음

신선이 되고 싶어 하는 사람이 있었다. 그는 이웃나라에 이상한 샘이 있어 그 물을 마시면 신선이 된다는 소문을 들었다. 그는 신선이 되기 위해 이웃나라로 향했다. 그가 국경을 넘어 주막에 이르자 주막의 주인이 물었다.

"무슨 일로 이 나라에 오셨습니까?"

"신선이 되기 위해 왔습니다."

한심하게 여긴 주인은 그를 골탕먹이기로 했다.

"그렇군요. 나에게는 신선이 되는 나무가 있습니다. 당신이 1년 동안 나를 도와준다면 신선이 되게 해드리지요. 번거롭게 멀리 가실 필요가 없습니다."

주인의 말에 혹한 그는 1년 동안 주막에 머물며 열심히 일했다. 1년 후, 주인은 그를 깊은 산 속으로 데려가, 그 곳에 있는 나무를 가리키며 말했다.

"이것이 신선이 되는 나무올시다. 어서 꼭대기로 올라가십시오. 내가 소리를 지를 터이니, 그 소리에 맞춰 하늘로 뛰어오르십시오."

그는 주인이 시키는 대로 나무 꼭대기에 올라갔다. 주인이 꼭대기를 향해 소리쳤다.

"나는 날 수 있다! 나는 날 수 있다!"

그 말을 철석같이 믿은 사내는 팔을 휘저으며 나무에서 뛰어내렸다. 그때 놀라운 일이 벌어졌다. 나무에서 뛰어내린 사내가 정말로 하늘을 날기 시작한 것이다. 그 모습을 본 주인은 깜짝 놀라 혼잣말로 중얼거렸다.

"저놈을 없애려고 했는데 정말 신선이 되어버렸군."

주인은 그 나무를 매우 소중히 여기며 집으로 돌아왔다. 얼마 후 그는 아들을 데리고 그 나무 아래로 찾아왔다.

"이 나무는 신선나무이다. 내가 먼저 올라갈 테니 네가 소리를 질러라."

주인이 나무 꼭대기로 올라가자 아들은 아버지가 시킨 대로 소리쳤다.

"나는 날 수 있다! 나는 날 수 있다!"

주인은 아들의 소리에 맞춰 허공으로 뛰어올랐다. 하지만 그는 곧 바위 위에 떨어져 몸뚱이가 가루처럼 부서지고 말았다.

• 출전 : 『경률이상』 권44

믿음은 모든 것을 변화시킨다. 자신에 대한 믿음, 가족에 대한 믿음, 그리고 신을 향한 믿음은 불가능을 가능하게 한다. 진실한 믿음을 가진 사람만이 기적을 연출할 수 있는 것이다.

# 뭉치면 산다

한 무리의 물고기 떼가 넓은 호수를 노닐며 먹이를 찾고 있었다. 그때 고기를 잡던 어부가 커다란 그물을 호수에 던졌다. 물고기들은 먹이를 찾는 데 정신이 팔려 그물이 점점 좁혀오는 것을 깨닫지 못했다. 이윽고 그물이 물고기 떼를 포위하자 크고 작은 물고기들이 갈 길을 찾지 못하고 갈팡질팡 사방으로 날뛰기 시작했다. 이때 한 마리의 물고기가 동료들에게 소리쳤다.

"무서워할 것 없어. 우리가 힘을 합하면 그물에서 벗어날 수 있어. 자, 모두 꼬리 힘을 합쳐서 그물을 들어올리는 거야."

물고기들은 머리를 진흙 속에 처박고 꼬리로 그물을 들어올렸다. 그물에 틈이 생기자 물고기 떼는 모두 그물 밖으로 빠져나올 수 있었다.

• 출전 : 『육도집경』 권6 『정진도무극장』

삶과 죽음의 그물은 때를 가리지 않고 우리를 덮쳐온다. 선택의 길은 두 가지다. 마음의 평정을 유지한 채 그것을 운명으로 받아들일 것인가, 아니면 벗어날 것인가?

서로에 대한 믿음과 의지가 있다면 우리는 힘을 합쳐 그물에서 벗어날 수 있다. 하지만 가장 추악한 종말은 혼자 살길을 찾아 발버둥 치다가 가장 먼저 죽는 것이다.

# 네가 있으므로 내가 존재한다

 넓은 숲에 무서운 호랑이 한 마리와 사자 한 마리가 살고 있었다. 사람들은 아무도 그곳에 가서 농사를 짓거나 나무를 베려 하지 않았다. 사자와 호랑이는 날마다 짐승들을 잡아먹고 먹다 남은 가죽과 뼈들을 그대로 버려두었다. 이내 숲의 사방에서 송장 썩는 냄새가 진동했다. 그러자 나무의 신이 산신령을 찾아가 말했다.

 "사자와 호랑이 때문에 우리 숲이 더러워지고 있네. 그러니 저놈들을 쫓아내야겠네."

 산신령이 말했다.

 "여보게. 우리는 저 호랑이와 사자 덕분에 살고 있네. 저들이 없어지면 인간들이 와서 이 숲을 모두 베어버리고 밭을 일굴 것이란 말일세."

 그러나 나무의 신은 그 말을 무시하고 곧 사자와 호랑이를 쫓아버리고 말았다. 호랑이와 사자가 없어지자 숲에는 사람들이 하나둘 나타나기 시작했다. 그들은 숲을 모두 베고 밭을 일구었다. 결국 나무의 신과 산신령도 쫓겨나게 되었다.

• 출전 : 『본생경』 272

이 세상에 홀로 존재할 수 있는 것은 아무것도 없다. 자연이 존재할 수 있는 것은 서로 유기적인 관계를 유지하기 때문이다. 불교에서는 이를 연기법(緣起法)으로 설명한다. 모든 것은 변화하고, 서로 연계되어 있다.

물과 햇볕이 있어 나무가 존재하고, 나무가 있어 수많은 벌레가 존재하며, 벌레가 있어 새들이 존재한다. 새들은 죽어 시체를 남기고, 시체는 흙이나 양분이 되어 미생물을 살리고, 이 미생물이 다시 수많은 생명체들의 먹이가 된다. 자연은 죽음까지도 너그러이 받아들여 새 생명을 잉태하는 것이다.

그러나 오직 인간만이 예외다. 인간은 자연의 일부가 되기를 거부하는 유일한 존재이다. 안타깝게도 자연과의 조화를 거부한 존재는 가장 먼저 멸종된다.

# 흩어지면 죽는다

 어떤 사냥꾼이 연못 위에 커다란 그물을 치고 새들이 날아들기를 기다리고 있었다. 한낮이 되자 새들이 목을 축이기 위해 연못으로 날아들었다가 모두 그물에 걸려들었다.
 사냥꾼이 그물을 거두려고 하자 그물 속의 큰 새가 다른 새들에게 소리쳤다.
 "우리가 힘을 합치면 그물에서 빠져나갈 수 있어. 자, 힘껏 날개를 퍼덕여서 그물을 들어올리자!"
 그 말을 들은 새들은 함께 날개를 움직여 그물을 들어올렸다. 하지만 날개가 그물에 걸린 터여서 새들은 무리를 이룬 채 그물을 지고 날아가는 수밖에 없었다.
 사냥꾼은 새들이 그물을 지고 날아간 곳을 향해 달렸다. 사람들이 사냥꾼을 보고 말했다.
 "어리석군. 자네가 무슨 수로 날아가는 새를 쫓아갈 수 있겠나?"
 사냥꾼이 대답했다.
 "밤까지 기다리면 되겠지요."
 사람들은 할 일 없는 사람이라고 비웃었다. 그러나 사

냥꾼은 밤이 될 때까지 기다렸다. 이윽고 해가 저물자 새들은 각자의 둥지를 찾아 나섰다. 그런데 서로의 둥지가 다른 곳에 있었으므로 새들은 서로 제 둥지로 가기 위해 그물 안에서 난리법석을 떨었다.

결국 새들은 모두 힘이 빠져 점점 아래로 내려왔다. 그 바람에 함께 지고 있던 그물이 다시 새들을 덮었다. 사냥꾼은 힘들이지 않고 많은 새를 잡을 수 있었다.

• 출전 : 『잡비유경』 (도락 集)26/ 『본생경』 33

공동의 목표를 향해 서로 협력할 때 큰 힘을 발휘한다. 그러나 공동의 목표를 끝까지 유지하기는 어렵다. 일단 위험을 벗어나고 나면 생각이 달라지기 때문이다. 살아나기 위해 그물을 들어올릴 수는 있지만, 그물을 진 채 각자의 둥지로 돌아갈 수는 없다. 그러므로 정작 필요한 것은 함께 힘을 합쳐 그물을 완전히 벗어 던지는 것이다.

한번 죽음의 위기를 벗어났다고 해서 끝난 것이 아니다. 각자의 둥지로 돌아가 편히 쉬고 싶은 유혹을 이겨낼 때, 진정한 삶의 기회가 찾아오는 것이다.

## 죽음보다 두려운 약속


 옛날 어느 나라에 왕이 있었는데, 늘 마음을 닦고 계율을 지니면서 진실한 말만 하였다. 어느 날, 왕은 수레를 타고 궁궐 밖으로 나왔는데, 마침 어떤 거지가 다가와 구걸을 하였다. 왕이 잠시 수레를 멈추고 말했다.

 "원하는 것을 드릴 테니 내가 돌아올 때까지 기다리십시오."

 그런 다음 왕은 동산에 들어가 연못 속에서 목욕을 마쳤다. 그때 왕 앞에 죽음의 사자가 나타났다. 죽음의 사자는 왕을 붙잡아 하늘로 데려갔다. 이에 온 나라의 백성들이 왕의 죽음을 슬퍼했다.

 하늘에 올라간 왕은 죽음의 사자 앞에서 폭포 같은 눈물을 쏟기 시작했다. 죽음의 사자가 왕을 비웃으며 말했다.

 "왕이 되어 어린아이처럼 울다니! 슬퍼하지 말라. 태어나면 반드시 죽음이 있고, 만남이 있으면 반드시 이별이 있는 것이다."

 그러자 왕은 더 슬프게 울음을 터뜨리며 말했다.

 "죽음이 두려워서 우는 것이 아닙니다. 내가 신용을

잃는 것이 한스러워서 우는 것입니다."

"그게 무슨 말인가?"

"나는 태어나서부터 지금까지 한 번도 거짓말을 하지 않았습니다. 그런데 오늘 아침 궁궐을 나올 때, 어떤 거지가 나에게 구걸을 하였습니다. 그때 나는 외출에서 돌아올 때 원하는 것을 주겠다고 약속했습니다. 아아, 이 얼마나 어리석은 일입니까. 인생의 덧없음을 생각하지 않고 지키지 못할 약속을 하였으니, 결국 나는 그 거지를 속인 꼴이 되고 말았습니다. 그래서 서럽게 우는 것입니다."

이 말을 들은 죽음의 사자는 왕의 마음씨가 너무나 아름답게 여겨졌다. 죽음의 사자는 잠시 생각에 잠겨 있다가 왕에게 말했다.

"좋다. 7일 동안의 시간을 주겠다. 만약 7일이 지나도 돌아오지 않으면 너를 지옥으로 보내겠다."

왕은 다시 본국으로 돌아와 거지에게 원하는 것을 주었다. 그런 다음 태자를 왕으로 삼은 후 신하들에게 말했다.

"나는 이미 죽은 몸이오. 지금의 내 몸은 내 소유가 아니오. 그러니 다시 하늘로 돌아가겠소."

신하들과 온 나라 백성들이 그를 만류하면서 말했다.

"가시면 안 됩니다. 우리가 단단한 쇠로 집을 지어 다시는 죽음의 사자가 오지 못하도록 하겠습니다."

왕이 웃으며 말했다.

"사람이 가장 먼저 지켜야 할 것은 진실한 약속이오. 진실한 말이야말로 하늘로 오르는 사다리가 아니고 무엇이겠소."

그러면서 왕은 다시 죽음의 사자에게로 돌아갔다.

• 출전 : 『경률이상』 권25/ 『대지도론』 권4·8/ 『출요경』 권25 「악행품」

약속을 지키는 것은 그 사람의 인품을 재는 척도이다. 목숨을 걸고 약속을 지킬 줄 아는 사람에게는 게으름이 없으며, 거짓이 없으며, 악한 마음이 없으며, 배신이 없으며, 헛됨이 없다. 그가 가지고 있는 것은 믿음과 신뢰와 성실과 친구이다.

## 책임감의 무게


 사자 한 마리가 원숭이와 친구로 지내며 깊은 우정을 나누었다. 어느 날, 어미 원숭이가 새끼 두 마리를 사자에게 맡기며 말했다.
 "내가 먹이를 구해올 동안 내 아이들을 맡아주지 않겠니?"
 사자는 흔쾌히 수락하고 원숭이 새끼 두 마리를 잘 보살펴주었다. 그런데 마침 독수리 한 마리가 먹이를 찾다가 숲에서 원숭이 두 마리가 뛰어다니는 것을 발견했다. 아래를 살펴보니 원숭이 옆에는 커다란 사자가 낮잠을 즐기고 있었다.
 독수리는 재빨리 날아가 원숭이 새끼를 낚아채어 나무 위로 올라가 앉았다. 잠시 후 잠에서 깨어난 사자는 원숭이 새끼가 사라졌음을 알았다. 주위를 둘러보니 독수리가 원숭이 새끼들을 발톱에 움켜쥔 채 나무 위에 앉아 있었다.
 깜짝 놀란 사자는 독수리에게 사정을 하기 시작했다.
 "그 원숭이 새끼는 친구가 나에게 돌보아달라고 맡긴 것이다. 내가 잠시 낮잠을 자는 사이 네가 새끼들을 채 갔구나. 만일 나한테 돌려주지 않으면 친구에게 신의를 잃게 된다. 그러니 제발 나한테 돌려다오."

그러자 독수리가 사자에게 말했다.

"미안하구나. 네가 땅에서는 짐승의 왕일지 모르지만 하늘에서는 내가 왕이다. 내가 지금 몹시 굶주렸으니 맛있는 먹이를 돌려줄 수는 없다."

사자는 다시 독수리에게 사정했다.

"네가 굶주렸다면 다른 동물을 사냥하여 주겠다."

"나는 지금 몹시 배가 고프다. 당장 주린 배를 채워야 한다."

그 말을 들은 사자는 날카로운 발톱으로 자신의 겨드랑이 살을 후벼 파기 시작했다. 사자는 자신의 살을 독수리에게 던져주며 말했다.

"자, 여기 고기가 있으니 어서 새끼들을 돌려다오."

독수리는 마침내 사자의 겨드랑이 살과 원숭이 새끼를 바꾸어주었다.

• 출전 : 『대지도론』 권33·51/ 『경률이상』 권11/ 『경률이상』 권47

최선을 다했다는 말은 거짓말이다. 아무리 열심히 해도 그것이 최선은 아니기 때문이다. 책임을 다했다는 말도 마찬가지다. 자신의 목숨을 내맡기지 않는 한, 책임을 다한 것이 아니다. 따라서 책임을 맡는다는 것은 자신의 모든 것을 거는 행위이다.

# 나를 지키는 것이 곧 남을 지키는 것

긴 대나무를 세우고 그 위에 매달려 묘기를 부리는 사람이 있었다. 그는 제자들과 함께 어떤 마을에 들어가 사람들을 모아놓고 묘기를 부렸다. 그는 어깨 위에 큰 대나무를 세우고 제자들에게 말했다.

"너희들은 대나무 위로 올라가되, 아래에서 대나무를 받치고 있는 나를 잊어서는 안 된다. 너희가 나를 염두에 두지 않으면 나도 너희들을 보호할 수가 없다."

제자들이 스승에게 말했다.

"안 됩니다. 먼저 스스로를 보호하지 않으면 모두가 대나무에서 떨어져 다치게 될 것입니다."

그러자 스승이 대답했다.

"맞다. 너희들 스스로를 지켜라. 하지만 그 말은 내가 한 말과 같다. 스스로를 보호할 때 그것이 곧 남을 보호하는 것이요, 남을 보호할 때 그것이 곧 자신을 보호하는 것이다."

• 출전 : 『잡아함』 권24 「사타가경」

서로에 대한 믿음이 두려움을 없앤다. 친구를 뒤에 세워두고 넘어져 보라. 믿음이 없다면 뒤로 넘어질 수 없다. 하지만 믿음이 있는 사람은 지그시 눈을 감고도 천 길 높이의 밧줄 위를 걸을 수 있다. 내 친구가 줄을 잡고 있으므로 절대 떨어질 리 없다는 믿음이 있기 때문이다.

# 한번 믿음을 잃으면

옛날 어느 왕자가 사소한 잘못을 저질러 왕에게 쫓겨났다. 그는 아내와 함께 산속에 들어가 조그만 오두막을 짓고 살았다. 산 속에는 식량이 없어 늘 사냥을 하면서 살아야 했다.

어느 날, 그는 숲에 갔다가 산토끼 한 마리를 잡아 돌아왔다. 집에 도착한 왕자는 아내에게 토끼를 삶아달라고 부탁했다. 부인은 토끼를 솥에 넣고 삶기 시작했는데, 너무 오래 삶는 바람에 물이 졸아버리고 말았다. 왕자가 아내에게 말했다.

"물이 졸아서 고기가 타버리겠소. 어서 물 좀 길어 오시오."

부인이 골짜기로 물을 길러 가자 왕자는 배고픔을 참을 수 없어 반밖에 익지 않은 토끼고기를 몰래 먹어치웠다. 부인이 돌아와 솥 안을 들여다보고 깜짝 놀라 물었다.

"어머, 솥 안에 있던 토끼는 어디 갔어요?"

왕자가 시치미를 떼며 말했다.

"당신이 없는 사이 토끼가 갑자기 일어나더니 숲 속으로 달아나버렸소."

아내는 왕자의 말을 듣고 금세 거짓이라는 것을 알았지만 어찌할 도리가 없었다. 그 후 아내는 왕자를 의심하기 시작했다. 자연히 두 사람 사이에는 서먹서먹한 분위기가 싹텄다.

오랜 세월이 흘러 이윽고 그 나라의 왕이 죽었다. 대신들은 왕자의 오두막으로 찾아와 왕위를 이을 것을 청하였다. 그리하여 괴로운 방랑의 세월이 끝나고 왕자는 마침내 왕위에 올랐다.

왕이 된 그는 함께 고생했던 아내를 위하여 온갖 보석과 옷을 선물했다. 하지만 왕비가 된 아내는 조금도 기뻐하는 기색이 없었다. 왕이 걱정이 되어 물었다.

"당신은 이제 왕비가 되었는데, 아직도 얼굴빛이 어두운 것은 무슨 까닭이오?"

왕비가 굳은 얼굴로 대답했다.

"옛날에 당신은 솥 안에 있던 토끼고기를 혼자 먹어치우고 제게 거짓말을 했잖아요!"

• 출전 : 『본생경』 333

아무리 많은 재물로 보상해도 한번 잃은 믿음은 회복하기 어렵다.

# 사소한 장난질 때문에

어떤 사제관이 연못에서 목욕을 하고 돌아오고 있었다. 그런데 장난기 많은 까마귀 한 마리가 사제관의 목에 예쁜 꽃다발이 걸려 있는 것을 보고 조롱하며 말했다.

"멋지군. 하지만 내 똥 세례는 피할 수 없을 걸?"

그러자 곁에 있던 까마귀가 그를 말리며 말했다.

"그런 짓 하지 마. 까마귀 무리 전체가 화를 입을지도 몰라."

"흥! 왜 우리가 화를 입는단 말이야!"

그러면서 까마귀는 사제관의 머리 위에 찔끔 똥을 갈겼다. 똥 세례를 받은 사제관은 몹시 화를 내며 소리쳤다.

"괘씸한 까마귀! 아예 씨를 말려버리겠다."

그때 궁궐 안에 불이 일어났다. 불꽃은 코끼리 우리까지 번져 그곳에 쌓아 둔 건초더미에 불이 붙었다. 그 바람에 왕이 기르던 많은 코끼리가 화상을 입고 말았다.

왕은 급히 코끼리를 돌보는 수의사를 불러 물었다.

"코끼리의 화상은 다 나았는가?"

"아닙니다. 좋은 약을 모두 처방했지만 화상이 잘 낫지 않습니다."

그러자 왕은 사제관을 불러 물었다.

"코끼리가 불에 덴 데는 어떤 약이 잘 듣소?"

사제관이 대답했다.

"까마귀의 피가 가장 좋습니다."

이튿날부터 왕은 군사들을 풀어 까마귀를 잡아들였다. 그리하여 궁궐 근처에 있던 까마귀 떼는 순식간에 씨가 마르기 시작했다. 결국 까마귀 떼는 먹을 것이 부족한 깊은 산 속으로 몸을 숨겼다. 성난 여러 까마귀들이 사제관의 머리에 똥을 싼 까마귀를 공격하기 시작했다.

"저 장난꾸러기 때문에 우리가 모두 죽게 생겼어!"

장난꾸러기 까마귀는 무리에서 쫓겨나고 말았다.

• 출전: 『본생경』 140 · 404

아이들은 장난으로 돌을 던지지만, 개구리는 그 돌에 맞아 죽는다. 마찬가지로 의미 없이 행한 사소한 행동 하나가 다른 사람들에게까지 화를 미칠 수 있다.

## 정직한 도붓장수

마을을 돌아다니며 노리개를 파는 두 사람의 도붓장수가 있었다. 한 사람은 나이가 지긋했고, 또 한 사람은 젊은 청년이었다. 어느 날, 두 사람의 도붓장수는 강을 건너 이웃 도시로 행상을 나갔다.

"노리개 사세요! 귀고리, 팔찌, 목걸이도 있어요!"

나이 든 상인이 사람들을 향해 큰 소리로 외치면서 골목을 돌아다녔다. 그러다가 어느 낡은 집 대문 안으로 들어갔다. 그 집에는 노파와 어린 소녀가 살고 있었다.

소녀가 노리개를 구경하다가 목걸이 하나를 집어 올렸다. 그러나 그 집은 너무 가난해서 노리개를 살 수 있는 형편이 아니었다. 소녀가 안타까운 눈빛으로 노파를 바라보며 말했다.

"할머니, 목걸이 하나만 사주세요."

할머니는 소녀를 바라보다가 이내 고개를 떨구며 말했다.

"얘야, 우리 형편에 목걸이가 뭐냐? 네 부모가 세상을 떠난 뒤 이제 남은 것은 이 낡은 집뿐이란다."

"그래도, 저 목걸이를 갖고 싶은걸."

소녀가 계속 졸라대자 노파는 창고에 들어가 헌 찻잔 하나를 가지고 나왔다.

"혹시 이 찻잔과 목걸이를 바꿀 수는 없겠소?"

먼지가 덮여 있는 찻잔은 크고 묵직했다. 나이 든 상인이 찻잔의 먼지를 털어내고 표면을 바늘로 긁어보니 놀랍게도 순금으로 만들어진 것이었다. 나이 든 상인은 갑자기 욕심이 생기기 시작했다. 상인이 대수롭지 않다는 듯 찻잔을 내려놓으며 말했다.

"이건 아무짝에도 쓸모없는 고물이군요. 반 푼의 값어치도 없어요."

상인은 짐짓 찻잔을 던져놓고 문을 나가버렸다. 나중에 다시 와서 헐값에 사려는 수작이었다.

나이 든 상인이 나간 뒤 젊은 청년 상인이 다시 그 집 대문을 두드렸다. 청년은 노리개가 담긴 자루를 내려놓으며 노파와 소녀에게 말했다.

"노리개를 구경해보시지요."

노파가 관심 없다는 것 고개를 흔들었다.

"우린 돈이 없어요. 헌 찻잔과 바꾸어주면 몰라도."

"일단 가져와보세요."

노파는 헌 찻잔을 가지고 나와 청년에게 보여주었다. 청년은 바늘로 찻잔을 긁어보고 깜짝 놀랐다.

"할머니! 이 찻잔은 순금으로 만든 거예요. 값이 천

냥은 되겠어요. 제가 가진 노리개는 전부 합쳐봐야 300냥밖에 되지 않아요."

그 소리를 들은 노파는 깜짝 놀라 소리쳤다.

"오오, 이런! 그럼 그 노리개를 전부 우리에게 주고 이 찻잔을 가져가시오."

청년은 가지고 있던 노리개를 모두 주고 대신 찻잔을 가지고 나왔다. 잠시 후 나이든 상인이 다시 찻잔을 헐값에 흥정하기 위해 노파의 집을 찾아왔다.

"아까 그 찻잔을 다시 흥정해 봅시다. 반 푼어치도 안 되지만, 집이 가난한 것 같으니 반 푼을 드리지요."

노파가 픽 웃음을 터뜨리며 말했다.

"그 찻잔 말이오? 다른 도붓장수가 와서 사갔어요."

노파의 말을 들은 상인은 가슴을 치며 후회했다.

"아, 천금을 주고도 사지 못할 보물을 놓쳤구나!"

• 출전 : 『본생경』 3/ 『육도집경』 권4 「계도무극장」

장사꾼에게 있어서 가장 큰 재산은 신용이며, 최대의 장사는 믿음을 거래하는 것이다. 어리석은 장사꾼은 한순간의 이익을 위해 신뢰를 잃고, 현명한 장사꾼은 적은 이익을 버리고 신뢰를 산다.

# 아름다운 희생

씨앗 안에 담겨 있는 것 | 머리 위에 지은 새 둥지 | 비록 한 포기의 풀일지라도 | 구슬을 삼킨 거위 | 아름다운 희생 | 조상이 물려준 지혜 | 공양을 남겨 짐승의 먹이로 주는 이유 | 한 번도 화를 내지 않은 사람 | 물에 밥을 씻어먹는 이유

## 작은 씨앗 안에 담겨 있는 것

어떤 숲에 품종이 좋은 나무가 있었다. 이 나무가 싹을 틔우기 위해서는 백 년이란 오랜 세월 동안 땅속에 씨앗으로 있어야 했다. 그런 다음 가장 알맞은 때를 기다려 땅을 뚫고 나와 가지와 잎을 무성하게 피워 올렸다. 그러므로 일단 땅 위에 싹이 돋아나면 순식간에 거목으로 자라났다.

마침내 오랜 세월을 기다려 나무의 씨앗은 싹을 틔웠다. 나무는 싹을 틔우자마자 얼른 주위를 돌아보았다. 하지만 주위는 황량하기 짝이 없었고, 바람도 거셌다. 나무는 은근히 걱정이 되기 시작했다.

"나는 아직 갓난아이에 불과해. 이 황량한 숲에서는 혼자 살아가기가 너무 힘들 거야."

그러면서 나무는 혹시 의지할 나무가 없는지 찾아보았다. 하지만 주변에 있는 것이라곤 가시덤불과 키 작은 나무들뿐이었다.

"내가 의지할 나무를 찾아야 해. 그렇지 않으면 난 금방 쓰러지고 말 거야."

그러나 아무리 둘러보아도 자신의 몸을 의탁할 만한

나무는 찾을 수 없었다. 나무는 이내 실망하여 눈물을 흘렸다. 그때 나무의 신(神)이 나타나 말했다.

"나무여, 왜 그렇게 울고 있는가?"

신을 만난 나무는 울면서 소리쳤다.

"이곳은 너무나 황량해요. 혼자서는 살 수 없어요. 저를 지켜줄 큰 나무를 데려다주세요."

그 말을 들은 나무의 신이 조용히 말했다.

"걱정하지 말거라. 이 세상에 너보다 큰 나무는 없다. 이 숲 속의 모든 나무는 머지않아 너의 그늘 밑으로 들어갈 것이다."

• 출전 : 『대지도론』 권10·15

나무가 되기까지 씨앗은 자신의 존재를 깨닫지 못한다. 나무가 된 뒤에야 비로소 자신의 존재 가치를 알게 되는 것이다.

나의 존재를 과소평가하지 말라. 나는 이미 씨앗이었고, 열매였다. 그 씨앗과 열매 속에는 수십억 년 동안 이어온 결과가 축적되어있다. 이제 가지를 뻗고 열매를 맺으면 되는 것이다.

## 머리 위에 지은 새 둥지

수행자가 나무 밑에 앉아 오랫동안 수행을 했다. 그는 자비로운 마음으로 단정히 앉아 정신을 집중한 채 움직이지 않았다.

수행자의 수염과 머리칼이 길게 자라자 제비 한 마리가 수행자의 머리 위에 흙과 지푸라기를 물어다가 둥지를 지었다.

수행자는 제비가 지은 집이 무너질까봐 움직이지 않았다. 이윽고 둥지가 다 지어지자 제비는 그곳에 알을 낳아 품었다.

수행자는 머리 위에 제비의 알이 있음을 알고 알이 떨어져 깨질까봐 몸을 움직이지 않았다. 시간이 흘러 알에서 새끼가 깨어나고 날개가 자랐다.

그때까지도 수행자는 움직이지 않은 채 새가 날아가기를 기다렸다.

마침내 날개가 자란 새끼들이 어미를 따라 하늘로 날아올랐다. 그제야 수행자는 자리에서 조용히 몸을 일으켰다.

수행자는 딱딱하게 굳어버린 몸을 펴고는 날아가는

새끼들을 바라보며 중얼거렸다.

"휴, 하마터면 재채기를 할 뻔했구나."

• 출전 : 『경률이상』 권9

사랑은 인내다. 그가 내 안에서 껍질을 깨뜨리고 마침내는 날개를 달고 내 품을 떠날 때까지 묵묵히 인내하는 것, 그것이 사랑이다.

## 비록 한 포기의 풀일지라도

여러 스님들이 넓은 들 한복판을 지나다가 도적 떼를 만나 입고 있던 옷을 모두 빼앗겼다. 도적들은 스님들이 마을로 내려가 고자질을 할까 두려워 모두 죽이기로 마음먹었다. 그때 도적 가운데 마음이 여린 한 사람이 동료들에게 말했다.

"굳이 죽일 필요까지 있겠는가? 스님들은 풀잎 하나도 다치게 하지 않는다고 들었네. 그러니 풀로 묶어두면 저들은 풀을 끊고 도망칠 수 없을 걸세."

도적들은 곧 풀로 스님들을 묶어놓고 가버렸다. 도둑의 말대로 스님들은 풀을 끊지도 못하고 가만히 앉아 있었다. 옷을 빼앗겼기 때문에 스님들은 알몸을 드러낸 채 햇볕에 그을렸다.

그렇게 한낮이 지나고, 해가 저물어 밤이 되었다. 이내 짐승들의 울음소리가 들려오기 시작했다. 젊은 스님들이 두려워하자 한 스님이 말했다.

"사람이 불법을 만나 수행하여 다시 사람으로 태어난 것은 마치 눈먼 거북이 바다에 떠다니는 나무의 구멍을 만나는 것처럼 어려운 일이네. 그런데 우리는 출가하여 불법을 수행하였으니 얼마나 다행스런 일인가? 목숨을 지키기 위해 계율을 어기는 것은 그동안 우리가 쌓아온 것을 한순간에 버리는 것일세. 그러니 설령 짐승들이 우리를 해칠지라도 풀잎을 끊어서는 안 되네."

스님들은 날이 밝을 때까지 움직이지 않았다. 날이 밝자 마침 그 나라 왕이 사냥을 나왔다가 스님들이 풀에 묶여 있는 것을 발견했다. 왕이 스님들에게 다가가 물었다.

"무엇 때문에 그대들은 풀에 묶여 있는가?"

스님들이 대답했다.

"도적을 만나 그들이 저희들을 이렇게 풀로 묶어놓았습니다."

왕이 웃으며 말했다.

"연약한 풀을 끊지 못해 그러고 있는 것인가?"

"풀을 끊는 것이 어려운 것이 아니라 조그만 생명체도 해치지 않겠다는 계율을 지키고 있는 것입니다.

• 출전 : 『대장엄론경』 권3·11/ 『경률이상』 권19

작은 것을 실천하지 못하는 사람은 큰 것도 실천하지 못한다. 바늘 도둑은 비록 하찮은 것을 훔쳤지만, 도둑이라는 점에서는 소도둑과 다를 바 없다. 먼저 작은 것부터 실천하라. 그것이 큰사람이 될 수 있는 지름길이다.

# 구슬을 삼킨 거위

한 사람의 수행자가 마을에 들어가 걸식을 하고 있었다. 그는 바리때를 들고 집집을 방문하다가 구슬을 꿰는 사람의 집에 이르렀다. 그때 집주인은 임금에게 바칠 목걸이를 만들기 위해 아름다운 구슬을 꿰고 있었다.

수행자가 찾아오자 주인은 보시를 하기 위해 곡식을 가지러 갔다. 주인이 잠시 자리를 비운 사이 마당에 있던 거위 한 마리가 마루 위에 놓여 있던 커다란 구슬 하나를 삼켜버리고 말았다. 붉은 구슬이 마치 고기 덩어리처럼 보였기 때문이었다.

다시 마루로 돌아온 주인은 가장 값비싼 구슬 하나가 사라진 것을 알았다. 주인의 얼굴빛은 금세 사색이 되었다. 그 구슬은 몹시 비싼 것일 뿐 아니라 왕이 소유하고 있던 것이었다.

주인은 주위에 사람이 없음을 알고 곧 수행자를 돌아보며 말했다.

"장난치지 마시고 구슬을 돌려주십시오."

수행자는 고민에 빠졌다. 변명을 하자니 주인이 믿지 않을 것이고, 사실대로 말하자니 주인이 거위의 배를 가를 것 같았기 때문이었다.

 수행자가 망설이자 주인은 수행자가 구슬을 훔쳤다는 확신을 갖게 되었다. 주인은 수행자를 윽박지르며 말했다.

 "구슬을 돌려주시오. 만약 돌려주지 않는다면 가만두지 않을 것이오."

 하지만 수행자는 아무 말도 하지 않은 채 가만히 서 있었다. 다시 주인이 수행자를 윽박질렀다.

 "마당에는 당신과 나 두 사람밖에 없었소. 내가 구슬을 잃었으니 누가 가져갔겠소? 그러니 빨리 내놓으시오!"

 그러고 나서 주인은 대문을 닫아 걸으며 말했다.

 "나와 한판 해보자는 것인가?"

 수행자가 옷매무새를 가다듬으며 대답했다.

 "그대와 싸울 생각은 없소. 다만 나는 번뇌와 싸우는 중이오. 설령 그대가 나를 매질한다 해도 어쩔 수 없소."

 "그럼 매를 맞기 위해 옷매무새를 가다듬은 것인가?"

 "그렇소. 수행자는 매를 맞을 때에도 자신의 알몸을 드러내지 않소. 또 죽을 때에도 옷으로 덮어 몸을 드러내지 않소."

 그 말을 들은 주인은 더욱 화가 치밀었다. 주인은 밧줄로 수행자를 묶은 다음 매질을 가하기 시작했다.

 "어서 구슬을 내놓아라!"

 참혹한 매질 속에서도 수행자는 지그시 눈을 감은 채

말했다.

"내가 구슬을 훔친 것이 아니오."

수행자가 계속 부인하자 주인은 더욱 힘껏 매질을 했다. 이윽고 수행자는 피투성이가 되어 땅바닥에 쓰러졌다. 수행자의 얼굴과 어깨에서 진득한 핏물이 흘러내려 땅을 적셨다. 그때 거위가 다가와 마당에 흐르는 핏물을 쪼기 시작했다. 주인은 너무 화가 치민 나머지 몽둥이로 거위를 때렸다. 지팡이에 맞은 거위는 그 자리에서 죽고 말았다.

그 모습을 보고 있던 수행자가 한숨을 토해내며 말했다.

"저 거위가 죽었소, 살았소?"

주인은 널브러진 거위의 시체를 수행자 앞에 던지며 말했다.

"그건 왜 묻는가?"

수행자가 대답했다.

"너무 안타까워 묻는 것이오. 나는 거위를 살리기 위해 매질을 참고 있는데, 이미 거위가 죽었으니 무슨 소용이 있겠소."

그 말을 들은 주인이 깜짝 놀라며 물었다.

"그게 무슨 소리인가?"

"사실 그대의 구슬은 저 거위가 삼켜버렸소."

"그렇다면 왜 일찍 말하지 않았는가?"

"내가 말했더라면 그대는 저 거위의 배를 가르고 구슬을 꺼냈을 것 아니오?"

주인은 두려운 낯빛으로 얼른 거위의 배를 갈랐다. 그러자 거위의 뱃속에서 자신이 잃어버렸던 구슬이 나왔다. 주인은 눈물을 흘리며 참회하고, 수행자를 돌려보냈다.

- 출전 : 『대장엄론경』 권11 · 63
- 이 이야기는 중국 명나라 때 주굉(株宏)이 엮은 『치문숭행록(緇門崇行錄)』에도 소개되어 있고, 우리나라 문헌설화에는 조선시대 초기 대제학을 지냈던 윤회(尹淮)의 일화로도 기록되어 있다.

조급한 성격이 분노를 키운다. 물론 기다림은 지루하다. 하지만 기다린다는 것, 느리게 사는 것이야말로 마음의 평정을 얻을 수 있는 길이다.

## 아름다운 희생

어느 숲 속에 아름다운 사슴의 무리가 살고 있었다. 어느 날, 그 나라의 왕이 이 숲으로 사냥을 나왔다. 사슴들은 화살에 맞기도 하고, 그물에 걸리기도 했으며, 구덩이에 떨어진 사슴도 부지기수였다. 사슴의 우두머리는 이 모습을 보고 곧 후회했다.

"나는 우두머리임에도 불구하고 맛 좋은 풀에 눈이 어두워 여러 동료들을 다치게 만들었다. 모두 내 잘못이구나."

우두머리는 곧 왕을 찾아갔다. 우두머리는 왕 앞에 이르러 무릎을 굽히고 말했다.

"갑자기 사냥꾼을 만나게 되면 어린 사슴들은 당황한 나머지 스스로 다치게 됩니다. 아무런 이유도 없이 살생을 하는 것은 누구에게든 이익이 없습니다. 만일 임금께서 사슴을 원하신다면 매일 한 마리씩 바치겠습니다. 그러니 더 이상의 살생을 막아주십시오."

왕은 사슴의 요청을 받아들였다.

"왕궁에서 하루에 필요한 사슴은 한 마리다. 만일 하루에 한 마리씩 사슴을 바치겠다면 숲에 나와 사냥을 하지 않겠다."

 사슴의 우두머리는 숲으로 돌아와 모든 무리에게 자신이 왕으로부터 들은 약속을 전했다. 사슴의 무리는 그렇게 하기로 약속하고 미리 순번을 정해 날마다 한 마리씩 왕궁으로 가기로 했다.

 이튿날부터 날이 밝자마자 한 마리씩 우두머리에게 이별을 고하고 왕궁으로 떠났다. 그 모습을 바라보는 우두머리의 가슴은 찢어질 듯 아팠다. 그는 왕궁으로 떠나는 사슴을 위로하며 말했다.

 "이 세상에 살아 있는 것은 반드시 죽는다. 누구도 죽음으로부터 벗어날 수는 없다. 그러니 왕의 원망을 사는 일이 없도록 하라."

 그렇게 며칠이 흘렀을 때 새끼를 밴 어미 사슴이 우두머리를 찾아왔다.

 "저는 오늘 왕궁으로 가기로 되어 있습니다. 그러나 제 뱃속에는 새끼가 들어 있습니다. 제가 죽음을 두려워하는 것은 아니지만, 새끼를 낳은 다음에 갈 수 있도록 순번을 바꿔주십시오."

 그 말을 들은 우두머리는 어미 사슴의 순번을 뒤로 미루고 다음날 왕궁으로 떠날 사슴을 불러 자초지종을 설명했다. 그러나 다음 순번의 사슴이 이를 거절하며 말했다.

"저는 죽음을 두려워하는 것이 아닙니다. 하지만 저에게는 하루 낮과 밤을 자유롭게 살 수 있는 권리가 있습니다. 내일 죽는 것은 억울하지 않지만 오늘 죽는다는 것은 너무나 슬픈 일입니다. 부디 삶을 정리할 수 있는 시간을 주십시오."

다음 순번의 사슴이 눈물을 흘리며 호소하자 우두머리는 마음이 흔들렸다. 결국 우두머리는 차마 그 사슴을 왕궁으로 보낼 수 없어 무리들이 모르게 혼자의 몸으로 왕궁으로 향했다. 왕은 사슴의 우두머리가 왔다는 것을 알고 깜짝 놀라 물었다.

"너는 무리의 우두머리인데 어찌 죽으러 왔는가?"

"사정이 있어 순서를 바꾸려 했지만, 다음 순번인 사슴이 허락하지를 않았습니다."

사슴이 대답하자 왕은 더욱 궁금해 하며 물었다.

"도대체 무슨 사정이기에 순서까지 바꾸려하고, 결국 네가 오게 되었느냐?"

"새끼 밴 사슴을 죽일 수 없으니 부디 저를 먼저 죽여 주십시오."

왕은 그의 말을 듣고 눈물을 흘리며 탄식했다.

"한낱 짐승도 자비로운 마음이 있어 자신을 죽여 다른 이를 구하는구나. 하지만 나는 인간의 몸으로 태어났으면서도 매일 생명을 죽여 내 몸을 살찌게 하려 했다.

정말 나는 흉포한 늑대와 다름없는 삶을 살았구나."

임금은 자신의 잘못은 탓한 다음 사슴의 우두머리를 숲으로 돌려보내고 다시는 사냥을 하지 않았다.

- 출전 : 『잡비유경』 (도략 集) 20/ 『대장엄론경』 권14·69/ 『본생경』 12/ 『육도집경』 권3 「불설사성경」 / 『대도지론』 권16·27/ 『출요경』 권14 「도품」

모든 희생은 아름답다. 그러나 우리가 정작 보고 싶은 것은 백성을 위한 지도자의 희생이다.

# 조상이 물려준 지혜

어느 나라에 대단한 부자가 있었다. 그 부자의 집안에는 대대로 전해오는 한 가지 원칙이 있었다. 재산을 똑같이 넷으로 나누어 4분의 1은 재산을 모으는 데 투자하고, 4분의 1은 가족의 생활비로 쓰고, 4분의 1은 가난한 사람에게 베풀고, 나머지 4분의 1은 친척들을 도와주거나 손님들을 접대하는 데 사용한다는 것이었다. 이 원칙을 엄격히 지킴으로써 그 집안은 사람들로부터 명성을 얻고, 재산 또한 날로 늘어났다.

그런데 부자에게는 아주 어리석고 방탕한 아들이 있었다. 부자는 철없는 아들이 늘 걱정스러웠다. 그리하여 그는 죽음을 앞두고 아들을 불러놓고 이렇게 말했다.

"우리 집안에는 대대로 내려오는 전통이 있다. 그것은 너도 잘 알고 있을 것이다. 너는 조상들이 했던 대로 재산을 넷으로 나누고, 그 쓰임새에 맞도록 처리하도록 해라."

부자는 아들에게 유언을 남기고 세상을 떠났다. 그러나 재산을 물려받게 된 아들은 전통을 무시하고 오로지 자신의 욕망을 채우는 데 재물을 사용했다.

처음에는 호화로운 저택을 짓고 창문마다 보석으로

장식했다. 또 용머리와 물고기 모양을 한 장식을 천장에 달고, 마당과 뜰은 색색의 유리로 덮었다. 그리고 밤마다 아름다운 음악을 연주하게 하고 수많은 하인과 여인들 속에서 즐거움을 누렸다.

그러던 어느 날, 옆집에 불이 났다. 때마침 불어온 바람에 불은 그의 집까지 옮겨 붙었다. 불이 나자 호화롭던 저택과 재물을 쌓아두었던 창고도 삽시간에 시뻘건 화염에 휩싸이고 말았다.

"아아, 내 집! 평생 공들여 이룩한 내 집!"

저택이 불길에 휩싸인 모습을 본 그는 너무나 분하고 원통한 나머지 미치고 말았다. 정신이 나간 그는 자신이 모았던 모든 것과 함께 불길 속으로 사라지고 말았다.

• 출전 : 『대승본생심지관경』 권4 「염사품」

무엇을 남기고 떠날 것인가? 어떤 사람들은 재산을 남기고, 어떤 사람들은 이름을 남긴다. 그러나 세상에 남겨야 할 가장 값진 것은 선한 업(業)이다.

아버지는 집안이 번성한 이유를 알고 있었지만, 아들은 이를 알지 못했다. 아버지가 물려준 것은 재산도 아니고, 집안의 전통도 아니다. 그가 진정 물려주고 싶었던 것은 선한 업을 쌓으라는 가르침이었다.

# 공양을 남겨 짐승의 먹이로 주는 이유

옛날 어떤 스님이 커다란 나무 밑에 앉아 수행을 하고 있었다. 마침 공양할 시간이 되자 스님은 바랑에 담겨 있던 밥을 꺼내 허기를 달랬다. 그때 나무 위에 앉아 있던 원숭이가 스님이 밥을 먹는 것을 보고 나무에서 내려와 주위를 서성거렸다.

스님은 남은 밥을 원숭이에게 나눠주었다. 원숭이는 밥을 얻어먹은 후 곧 물을 길어 와 스님이 손을 씻도록 도와주었다.

그날 이후 스님은 날마다 나무 밑에 와서 원숭이와 밥을 나누어 먹었고, 원숭이는 이에 보답하기 위해 연못에서 물을 떠와 스님에게 건네주었다.

그렇게 여러 달이 지났다. 어느 날, 스님은 밥을 먹으면서 깜빡 원숭이에게 줄 밥을 남기지 않았다. 그러자 밥을 얻어먹지 못한 원숭이는 버럭 화를 내면서 스님의 가사를 빼앗아 나무위로 올라갔다. 그러고는 스님의 가사를 갈기갈기 찢어버렸다. 그 모습을 본 스님은 화를 참지 못하고 원숭이를 향해 지팡이를 던졌다. 지팡이에 정통으로 맞은 원숭이는 곧 나무에서 떨어져 죽고 말았다.

원숭이가 죽자 여러 마리의 원숭이들이 나무 밑으로 몰려와 울기 시작했다. 한참 동안 시끄럽게 울어대던 원숭이들은 죽은 원숭이를 메고 스님이 몸담고 있던 절로 향했다.

스님들이 문 밖으로 나와 보니 한 무리의 원숭이들이 죽은 원숭이를 메고 울고 있었다. 큰스님이 그 모습을 보고 절 안의 모든 스님들을 불러 물었다.

"원숭이들이 죽은 원숭이를 메고 서럽게 우는 것은 무슨 까닭인가?"

그러자 나무 밑에서 수행하던 스님이 사실대로 털어놓았다. 큰스님은 자초지종을 듣고 나서 스님들에게 말했다.

"오늘부터 밥을 먹을 때에는 굶주린 짐승들이 먹을 수 있도록 음식을 조금 남기도록 하라."

• 출전 : 『구잡비유경』 下 · 42

사찰에 가면 뜰 한구석에 과일이나 음식이 놓여 있는 것을 볼 수 있다. 이는 먹을 것을 찾지 못한 새나 동물들이 배를 채울 수 있도록 스님들이 공양을 하기 전에 음식을 조금 남겨놓은 것이다.
내가 배고프면 남이 배고픈 줄도 알아야 하고, 내가 추우면 남도 추운 줄을 알아야 한다. 베푼다는 것은 내가 쓰고 남은 것을 주는 것이 아니라 내가 써야 할 것을 나눠주는 것이다.

## 한 번도 화를 내지 않은 사람

 어떤 나라의 왕자가 화려한 수레를 탄 채 길을 가고 있었다. 그때 문둥병 환자가 나타나 수레를 가로막으며 말했다.
 "나는 지금 문둥병에 걸려 몹시 괴롭습니다. 하지만 당신은 화려한 수레를 타고 아름다운 옷을 입으며 혼자만 즐기는구려. 부디 자비로운 마음으로 저를 구제해주십시오."
 왕자는 문둥이를 보자 무척 가슴이 아팠다. 왕자는 그를 도와줄 방법을 생각하다가 곁에 있던 의원에게 물었다.
 "문둥병을 고치려면 어떻게 해야 하는가?"
 의원이 대답했다.
 "태어나서 한 번도 성낸 적이 없는 사람의 피와 골수를 뽑아 몸에 바르고 마시면 병이 나을 수 있습니다."
 "그런 사람을 아는가?"
 "태어나서 한 번도 화를 내지 않은 사람이 어디 있겠습니까?"
 "그런 사람이 있다면 저 사람에게 자신의 피와 골수

를 뽑아줄 수 있겠는가?"

"설령 그런 사람이 있다 해도 어찌 문둥이를 위해 자신의 몸을 해치겠습니까?"

왕자는 곰곰이 생각에 잠겨 있다가 다시 의원에게 물었다.

"그대가 보기에 내가 화를 낸 적이 있었던가?"

"왕자님이 태어나실 때 제 손으로 직접 받았습니다만, 그때부터 지금까지 한 번도 화를 내시는 것을 본 적이 없습니다."

왕자는 결심한 듯 의원에게 말했다.

"그럼 나밖에 없겠구나. 그대는 어서 내 피와 골수를 뽑아 저 문둥이에게 주거라."

• 출전 : 『대지도론』, 권12·20

남을 사랑한다는 것은 나를 버리는 행위이다. 모든 것을 버린 사람에게 화는 들어올 틈이 없다. 화가 생기는 것은 내가 손해를 보았다는 생각 때문이며, 손해를 보았다고 여기는 것은 결국 내 것을 아끼기 때문이다.

## 물에 밥을 씻어먹는 이유

 어떤 스승이 어린 제자 하나를 데리고 깊은 산중에 살고 있었다. 하지만 산중에는 먹을 것이 부족하여 제자는 날마다 산 아래에 있는 마을에 내려가 밥을 얻어 와야 했다.

 산은 몹시 험했다. 제자는 늘 조심해서 산길을 걸었지만 양손에 밥을 들고 있어 넘어지기 일쑤였다. 비가 오는 날이나 눈이 오는 날에는 산길을 걷기가 더욱 힘들었다. 그 때문에 제자는 날씨가 궂을 때면 늘 땅에 넘어져, 들고 있던 밥을 엎지르곤 했다.

 어느 날, 스승은 맛있게 밥을 먹고 빈 그릇을 건네주기 위해 부엌으로 향했다. 부엌문을 열자 마침 밥을 먹고 있던 제자가 손에 들고 있던 그릇을 뒤로 감추며 화들짝 놀라는 것이었다. 스승은 제자가 무얼 숨기고 있다는 생각이 들었다.

 '혹시 맛있는 음식을 얻어다가 혼자 먹고 있는 것은 아닐까?'

 그런 의심이 들자 스승은 제자에게 말했다.

 "네가 숨긴 것을 내놓아라."

스승의 호령이 떨어지자 제자는 엉거주춤한 자세로 뒤에 감추었던 그릇을 내보였다. 그릇에는 물이 가득 들어 있었고, 물 안에는 밥알이 들어 있었다. 스승은 그릇에 든 밥알을 바라보며 제자에게 말했다.

"지금 무엇을 하고 있었던 게냐?"

제자가 부끄러워하며 대답했다.

"밥을 물에 말아 씻어 먹는 중입니다."

스승이 물었다.

"왜 밥을 물에 씻어 먹는 게냐?"

"제가 밥을 얻으러 마을에 갈 때는 날씨가 맑았는데, 돌아올 때는 비가 왔습니다. 그 바람에 언덕길을 오를 때 발이 미끄러져 밥을 엎지르고 말았습니다. 그래서 깨끗한 밥은 스승님의 그릇에 담고, 흙에 더러워진 밥은 제가 물에 씻어서 먹는 것입니다."

• 출전 : 『구잡비유경』 上·6

왼손이 하는 일을 오른손이 모르게 하라. 굳이 드러내지 않아도 선행은 널리 알려지는 법이다.

# 무엇이든 적당하게

한낮에 등불을 든 까닭 | 무서운 똥 | 무엇이든 적당하게 | 교만한 매 | 뛰는 놈 위에 나는 놈 | 원숭이의 자랑 | 상대의 약점은 가장 나쁜 무기 | 무모한 자만심 | 쓸모없는 나무가 오래 간다 | 입장 차이 | 비상식량

## 한낮에 등불을 든 까닭


 모든 경전에 통달한 바라문이 있었다. 그는 스스로 천하에 자신을 능가할 수 있는 사람이 없다고 여기며 늘 논쟁을 벌일 만한 사람을 찾아다녔다. 그는 적수를 만날 때마다 훌륭한 말솜씨와 논리로 상대방을 굴복시켰다. 그런 일이 반복되자 그와 맞서기 위해 선뜻 나서는 이가 없었다.

 경쟁자가 나서지 않자 그는 점점 교만해지기 시작했다. 이윽고 그는 배에 구리를 감고, 손에는 등불 하나를 든 채 성안으로 향했다. 사람들이 그를 보고는 이렇게 물었다.

 "무엇 때문에 배에 구리를 감고 계십니까?"

 그가 대답했다.

 "나는 열여덟 가지 경전에 통달했소. 아는 것이 많으니 더 이상 배워도 들어갈 자리가 없소. 배가 찢어질 지경이니 구리로 감고 다니는 것이오."

 "그럼 한낮에 등불을 들고 다니는 것은 무슨 까닭입니까?"

 "세상이 하도 어두워 사람들은 눈이 있어도 보지 못

하오. 그래서 횃불을 들어 세상을 비추는 것이오."

"해가 밝은데 그게 무슨 소리입니까?"

"어둠에는 두 가지가 있소. 하나는 햇빛이 없는 것이요, 또 하나는 해가 떴으나 사람들이 어리석은 것이오."

왕은 그 소문을 듣고 몹시 자존심이 상했다. 왕은 궁궐 앞에 커다란 북을 세워놓고 전국에 명했다.

"저 바라문을 꺾을 수 있는 지혜로운 이를 구하노라. 만일 저 바라문을 꺾을 사람이 있다면 주저 없이 북을 두드려라."

그때 어떤 선인(仙人)이 궁궐 앞을 지나다가 커다란 북이 세워져 있는 것을 보았다. 선인이 북 앞에 모여 있는 사람들에게 물었다.

"이 북은 왜 세워두었소?"

"지혜로운 사람을 구한다고 합니다."

사람들은 선인에게 북을 세워놓은 이유를 자세히 설명했다. 사람들의 이야기를 들은 선인은 갑자기 발을 들어 북을 차버렸다.

북소리가 울리자 왕은 크게 기뻐하며 궁궐 앞으로 달려 나왔다. 왕은 선인을 궁궐로 데리고 들어가 극진히 대접했다. 왕은 그동안의 사정을 자세히 설명했다.

"한낮에도 등불을 들고 다니며 이 나라를 욕하는 바라문이 있습니다."

그리고 나서 왕은 두 사람을 궁궐에 초대하여 음식을 대접했다. 식사를 하면서 선인과 바라문은 세상의 모든 지혜와 경전에 대해 토론했다. 토론이 끝나자 선인이 바라문을 가리키며 왕에게 말했다.

"장합니다. 이 바라문은 세상의 모든 지혜에 통달했습니다. 그러나 이 바라문은 노비도 아니고, 군사도 아니고, 상여꾼도 아닙니다. 입만 나불거릴 뿐 지금까지 이룬 공덕이 하나도 없는데 왕께서 왜 이 자를 대접하십니까?"

그 말을 들은 바라문은 선인 앞에서 한마디도 대답하지 못했다. 그러자 왕은 그 바라문을 똥통에 담아 밖으로 내쫓아버렸다.

• 출전 : 『구잡비유경』 上·28~29/ 『대지도론』 권11·16/ 『십송률』 권9

쓸모없는 지식이 사람을 병들게 한다. 수많은 경전을 외고, 사서오경을 뱃속에 넣은 사람이라도 그 지식이 인품을 드러내주지는 않는다. 그는 단지 많은 글자를 갖고 있는 사람일 뿐이다. 진정한 지식이란 실천할 때에 비로소 빛을 발한다. 모든 성자의 가르침을 한마디로 요약하면 이렇다.

'착하게 살라!'

이 단순한 진리는 세 살 먹은 아이도 알고 있지만, 여든 먹은 노인도 행하기 힘들다.

## 무서운 똥


 돼지 한 마리가 여러 돼지들을 거느린 채 험한 산길을 걸어가고 있었다. 그때 맞은편에서 커다란 호랑이 한 마리가 어슬렁거리며 다가왔다. 호랑이를 본 돼지는 덜컥 겁이 났지만 부하들 앞에서 표를 낼 수가 없었다.

 돼지는 잠시 걸음을 멈추고 고민에 빠졌다.

 '호랑이와 싸우면 나는 잡아먹힐 것이다. 그렇다고 달아나버리면 부하들은 나를 겁쟁이라고 업신여길 것이다.'

 돼지는 위기를 면할 수 있는 방법을 궁리하다가 마침내 호랑이 앞으로 나섰다. 호랑이는 이미 사냥감을 먹어 치운 터였으므로 무척 배가 불렀다. 그래서 돼지가 다가오는 것을 보고도 아는 체를 하지 않았다. 훗날 기회를 보아 잡아먹는 편이 나을 것 같았기 때문이었다. 호랑이가 못 본 채 지나치려 하자 돼지는 그 앞을 가로막고 허세를 부리며 말했다.

 "여보게, 나와 한판 싸워볼 텐가? 네가 정말 힘이 세면 나랑 사생결단을 내보세. 그럴 생각이 없다면 조용히 물러서게."

 돼지의 말을 들은 호랑이는 기가 막혔다. 호랑이는 몹

시 기분이 상하여 돼지에게 말했다.

"진심으로 하는 말인가?"

"진심이고말고."

"좋아 한번 겨뤄보세."

호랑이가 하늘을 우러러 포효를 내지르며 달려들 기세를 보이자 돼지는 금세 주눅이 들었다. 돼지는 큰일 났다 싶어 얼른 호랑이에게 말했다.

"정 그렇다면 조금만 기다려주게. 나에게는 대대로 물려받은 갑옷이 있는데, 금방 그것을 입고 오겠네."

호랑이는 가소롭다는 듯이 돼지에게 말했다.

"좋다. 갑옷이든 뭐든 어서 입고 오너라."

호랑이의 허락을 얻은 돼지는 뒤로 물러서자마자 곧장 똥구덩이로 향했다. 돼지는 똥구덩이 앞에 이르자 그 속으로 풍덩 뛰어들어 고개만 내밀었다. 돼지는 한참 동안 똥구덩이 안을 뒹군 다음 호랑이한테로 향했다.

호랑이 앞에 도착한 돼지는 호기롭게 외쳤다.

"자, 갑옷을 입고 왔으니 어서 싸우자!"

순간 호랑이는 코를 틀어막으며 고개를 돌렸다.

"정말 더럽고 냄새가 나는 놈이군. 네 놈과 싸워봐야 내 소중한 털만 더럽힐 뿐이다. 네 놈과는 싸우기 싫다."

호랑이가 물러설 기미를 보이자 돼지는 더욱 기고만장해져 소리쳤다.

"너도 네 발을 갖고 있고, 나도 네 발을 갖고 있다. 어서 덤벼라."

호랑이는 어이없는 표정을 지으며 돼지에게 말했다.

"빨리 꺼져라. 이 더러운 놈아."

그런데도 돼지는 전혀 물러설 기세가 아니었다. 호랑이가 피하려 할수록 돼지는 더욱 큰 소리로 외쳤다.

"어서 덤벼라!"

돼지가 털을 곤두세운 채 앞으로 다가오자 호랑이는 끝내 뒤로 물러서며 말했다.

"그래, 네가 이긴 것으로 하마."

• 출전 : 『중아함경』 권16 「비사경」 / 『대정구왕경』 下/ 『본생경』 153

만용을 부리는 사람은 자신의 분수를 모르는 사람이다. 어리석은 자는 사람들이 손가락질을 하며 피하면, 자신을 두려워하는 것으로 착각한다.

우리가 몸에 두르고 있는 갑옷은 무엇인가? 냄새나는 오물인가, 아니면 향기로운 꽃인가. 주변에 파리 떼가 모여 있으면 그는 오물을 뒤집어쓴 것이고, 나비와 벌이 모여 있으면 그는 향기로운 화관(花冠)을 쓰고 있는 것이다.

## 무엇이든 적당하게


 북을 치며 살아가는 고수(鼓手)가 있었다. 축제가 열리는 날, 그는 아들을 데리고 성으로 들어갔다. 축제가 시작되자 그는 사람들이 모인 곳에서 북을 쳐주고 많은 돈을 벌었다.
 "이만하면 얼마 동안 살아갈 돈은 되겠구나."
 저녁 무렵이 되자 그는 아들과 함께 집으로 향했다. 하지만 돌아오는 길에는 인적이 드문 숲을 지나야 했다. 숲 근처에 이르러 아버지가 아들에게 말했다.
 "숲 속에 도적이 있을지도 모른다. 하지만 사람들이 많다는 것을 알면 감히 우리를 해치지 못할 것이다."
 "어떻게 사람들이 많은 것처럼 보이죠?"
 "큰 소리로 북을 울리면서 가면 된다."
 아버지는 북을 치면서 걷기 시작했다. 그때 숲 속에 몸을 감추고 행인을 기다리고 있던 도적들이 북소리를 듣고는 숨을 죽이며 말했다.
 "저 북소리는 보통 북소리가 아니다. 분명 왕이나 귀족의 행차가 분명하다. 자칫 들켰다가는 모두 잡혀가고 말 것이다."

도적들은 두려워하며 얼른 그곳을 피해 달아났다. 멀리 달아나는 도적들의 뒷모습을 바라보고 있던 아들이 의기양양한 표정으로 말했다.

"아버지, 저기 도적 떼가 달아나고 있어요. 북을 이리 주세요."

아들은 아버지고 가지고 있던 북을 빼앗아 마구 두드리기 시작했다. 그러자 아버지가 아들에게 말했다.

"애야, 아무렇게나 두드리면 우리가 누구인지 도적이 알아차린다. 왕의 행차처럼 위엄 있게 북을 울려야지."

그러나 아들은 도적을 얼른 쫓으려고 북을 마구 쳐댔다. 순간, 도망치던 도적들이 걸음을 멈추며 말했다.

"왕의 행차인 줄 알았더니 그게 아니었군."

쫓기던 도적들은 이내 되돌아섰다. 결국 아버지와 아들은 축제에서 번 돈을 모조리 빼앗기고 말았다.

• 출전 : 『본생경』 59

그릇에 물이 찼을 때는 더 부어도 아무 소용이 없다. 한 그릇이 부족하다고 해서 이미 차 있는 그릇에 계속 물을 붓는 것은 어리석은 짓이다. 목적을 이루었으면 당장 멈추어라. 욕심이 지나치면 화근이 된다.

# 교만한 매

 메추라기 한 마리가 자신의 둥지를 벗어나 먹이를 쫓고 있었다. 그 순간 매 한 마리가 날아와 발톱으로 메추라기를 낚아채 허공으로 날아올랐다. 그러자 메추라기는 이렇게 부르짖었다.
 "공연히 내 구역을 벗어나 먹이를 쫓다가 이런 곤경에 처했구나!"
 그 소리를 들은 매가 메추라기에게 말했다.
 "네 구역이 어디 있단 말이냐?"
 메추라기가 기어들어가는 목소리로 대답했다.
 "밭 언덕 밑에 내 구역이 있습니다. 몸을 숨길만한 곳이지요."
 매는 한심한 생각이 들어 메추라기에게 말했다.
 "웃기는 소리 하지 말거라. 하늘 밑은 모두 나의 구역이거늘, 너 같은 조무래기가 무슨 구역이 있단 말이냐?"
 메추라기가 말했다.
 "분명 내 구역에 가면 아무도 나를 잡을 수 없을 것입니다."
 매는 곧 교만한 생각이 들었다.
 "좋다. 너를 놓아줄 테니 네 구역에 숨어보아라. 결코 내 발톱에서 벗어나지 못할 것이다."

매는 웃음을 터뜨리며 메추라기를 놓아주었다. 메추라기는 곧 매의 발톱에서 벗어나 밭 언덕 밑에 있는 큰 돌멩이 밑에 몸을 숨겼다. 그때 매가 메추라기를 향해 날아들었다. 메추라기는 돌멩이를 등지고 매에게 덤벼들었다. 매가 코웃음을 치며 말했다.

"조그만 녀석이 감히 나와 싸우려들다니!"

매는 다시 허공으로 날아오르더니 이내 메추라기를 향해 세차게 돌진했다. 순간 메추라기는 재빨리 돌멩이 밑으로 몸을 숨겼다. 매는 있는 힘을 다해 날다가 눈앞에 돌멩이가 나타나자 깜짝 놀랐다.

"아차! 이놈이 어디 갔지?"

하지만 이미 때는 늦어 있었다. 매는 날개를 멈추지 못하고 그만 돌멩이에 부딪혀 몸이 산산조각 나고 말았다.

• 출전 : 『잡아함경』 권24 「조경」 / 『출요경』 권16 「분노품」

자기 집에서 싸움이 붙으면 절반은 이기고 들어간다. 그에게는 집과 가족이 방패막이가 되기 때문이다. 그리하여 병법에서는 적을 유리한 지형으로 끌어들이라고 가르친다.

신중한 자는 적이 쳐놓은 그물에 걸려들지 않는다. 오직 교만한 자만이 적의 그물로 뛰어들어 스스로를 망친다.

## 뛰는 놈 위에 나는 놈


 옛날 북 인도에 재주가 뛰어난 조각가가 살고 있었다. 그의 조각 기술은 너무나 뛰어나 무엇을 만들든 실제 모습과 분간할 수 없을 정도였다. 어느 날 그는 나무를 깎아 여자 인형을 만들었는데, 아름답기 그지없었다. 나무 인형을 옷과 띠로 장식하자 살아 있는 여자와 다를 바가 없었다. 더구나 그 나무 인형은 사람의 조작에 따라 움직이기도 하고, 술을 따를 줄도 알았다. 다만 말을 하지 못할 따름이었다.

 그 무렵 남 인도에는 뛰어난 화가 한 사람이 살고 있었다. 그 화가 역시 기술이 뛰어나 사물을 그리면 실제 모습과 분간할 수 없을 정도였다.

 북쪽에 사는 조각가는 그 소문을 듣고 좋은 음식을 준비한 다음 화가를 초청했다. 화가가 조각가의 집에 도착하자 조각가는 나무로 만든 여인을 시켜 술을 따르게 하며 하루 종일 함께 지내도록 했다. 화가는 그 여인이 살아 있는 여자인 줄로 알고 연모의 정을 품었다.

 이윽고 날이 저물자 조각가는 나무로 만든 여인으로 하여금 화가의 잠자리를 보살피게 하고는 자신의 침실로 돌아갔다. 그는 방을 나가며 화가에게 말했다.

"이 여인이 밤새 돌보아드릴 것입니다. 그러니 함께 주무십시오."

조각가가 나간 뒤 나무로 만든 여자는 움직이지 않은 채 등불 곁에 서 있었다. 화가는 그녀와 가까이 하기 위해 은근한 목소리로 여인을 불렀다.

"이리 가까이 오시오."

그러나 여인은 아무런 대답도 하지 않았고, 움직이려 하지도 않았다. 화가는 여인이 수줍어서 그런 줄로 알고 자리에서 일어나 그 곁으로 다가갔다. 그러고는 가만히 손을 뻗어 여인의 몸을 잡아당겼다. 순간 나무 인형이 앞으로 넘어지며 바닥에 나뒹굴었다.

가만히 살펴보니 살아 있는 사람이 아니라 나무로 만든 조각품이었다. 화가는 몹시 부끄럽고 불쾌했다.

"나를 속였구나. 기어이 복수를 하고 말리라."

화가는 잠시 복수할 방법을 찾다가 붓을 들고는 커다란 벽에 자신의 모습을 그리기 시작했다. 입은 옷은 물론 얼굴의 표정까지 자신의 모습과 분간할 수 없을 정도였다. 제 모습을 그린 화가는 목 근처에 노끈을 그려 넣었다.

그림은 마치 화가가 노끈으로 목을 매어 죽은 것 같았다. 그런 다음 좀 더 실감나게 하기 위해 파리와 새가 몰려와 시체의 입과 눈을 쪼는 것처럼 그렸다. 그림을 다 그린 화가는 문을 닫고 침대 밑에 들어가 숨어 있었다. 날이 밝자 조각가는 화가를 깨우기 위해 방으로 들어왔다. 조각가는 침대가 비어있는 것을 보고 깜짝 놀랐다. 무심코 벽 쪽을 바라보다가 그는 기절할 뻔했다. 화가가 목을 매고 죽어 있었기 때문이었다. 더구나 죽은 지 오래된 듯 머리 주위에는 파리와 새가 달려들어 시체를 쪼고 있었다.

조각가는 두려움에 어쩔 줄 몰라 하다가 조각칼로 노끈을 끊기 시작했다. 칼이 벽에 닿는 순간, 그는 곧 그림이라는 것을 깨달았다. 그때 침대 밑에 숨어 있던 화가가 밖으로 기어 나오며 웃음을 터뜨렸다. 그 모습을 본 조각가는 몹시 부끄러워하며 고개를 숙였다.

화가가 조각가에게 말했다.

"나를 속였으니 나도 당신을 속인 것입니다. 이제 서로 비겼습니다."

그러자 조각가가 말했다.

"사람들이 서로 속고 속이는 것이 이것과 무엇이 다르겠소?"

• 출전 : 『잡비유경』 (도략 集) 8/ 『경률이상』 권44

인생은 속임수와의 싸움이다. 신을 속이고, 사회를 속이고, 이웃을 속이며, 결국은 나까지 속이는 것이다.

사실 우리는 눈에 보이는 것에 너무 익숙해져 있고, 눈으로 확인한 것은 무엇이든 믿으려 든다. 하지만 진짜 우리가 믿어야 할 것은 눈에 보이지 않는다. 사랑이나 믿음, 인품 같은 것은 눈에 보이는 것이 아니다. 그러나 겉모습은 치장될 수 있고, 사기꾼일수록 위장술이 뛰어나다. 친절하지 않은 사기꾼은 없고, 예의 없는 사기꾼도 없다. 그러므로 우리가 보아야 할 것은 겉모습이 아니라 그의 '보이지 않는 것'이다.

# 원숭이의 자랑

어느 날, 왕이 왕비와 궁녀들을 거느리고 연못가에서 즐겁게 놀았다. 왕비는 장식품을 벗어 나뭇가지에 걸어두고 연못에 들어가 물장난을 쳤다. 마침 원숭이 한 마리가 왕비의 구슬 목걸이를 훔쳐 달아났다.

왕은 군사들을 풀어 목걸이를 훔쳐간 범인을 잡아내도록 했다. 그때 곁을 지나던 어떤 사내가 군사들이 우르르 몰려다니는 것을 보고 놀라 도망쳤다. 그러자 군사들은 그 사내를 범인으로 지목하고 즉시 체포하여 신문하였다. 사내는 끝내 훔치지 않았다고 주장했다. 하지만 무작정 우기더라도 죽음을 면하기 어렵다는 생각이 들자 그는 적당히 핑계를 둘러댔다.

"마을에 사는 부자가 저에게 시킨 것입니다. 그에게 물어보십시오."

곧 마을의 부자가 잡혀 왔다. 부자 역시 죽음을 피하기 어렵다는 것을 깨닫고 적당히 둘러댔다.

"그 목걸이를 받아 사제에게 주었습니다."

잡혀 온 사제 역시 핑계를 둘러댔다.

"악사에게 주었습니다."

악사는 다시 다른 사람에게 책임을 돌렸다.

"기생에게 주었습니다."

기생은 영문도 모른 채 왕 앞으로 끌려왔다. 이윽고 해가 저물었으므로 왕은 내일 다시 신문하기로 하고, 성으로 돌아갔다. 그런데 대신만은 이상한 생각이 들었다.

"저들은 죽음이 두려워 모두 핑계를 대고 있는 것이다. 처음 사내는 부자에게 책임을 돌려 위기를 모면하려는 것이고, 부자는 사제를 끌어들여 모면하려는 것이다. 사제는 어차피 감옥에 갈 바에야 음악 소리라도 즐기려고 악사를 물고 늘어진 것이며, 악사는 아름다운 여자와 감옥에 함께 있기 위해 기생을 물고 늘어진 것이다."

이튿날, 대신은 왕을 찾아가 말했다.

"제게 맡겨주십시오."

왕이 허락하자 대신은 다섯 사람을 한곳에 모이게 하고, 몰래 사람을 시켜 지켜보게 했다. 다섯 사람은 서로를 원망하며 다투기 시작했다. 그 모습을 본 대신은 그들이 범인이 아니라는 확신을 갖게 되었다.

대신은 곧 원숭이의 짓이라는 것을 알아차렸다. 대신은 유리알로 목걸이를 만든 다음 숲으로 가서 한 원숭이에게 주었다. 목걸이를 받은 원숭이는 사방을 돌아다니면 친구에게 자랑했다.

"이 목걸이 좀 봐. 정말 영롱하지 않아?"

그러자 왕비의 목걸이를 훔친 원숭이가 그것을 보고는 비웃으며 말했다.

"바보! 그건 유리로 만든 가짜야. 난 왕비가 갖고 있던 진짜 목걸이를 갖고 있어."

원숭이는 숨겨두었던 목걸이를 찾아 자신의 목에 걸었다. 이 모습을 보고 있던 군사들이 달려들어 그 목걸이를 되찾았다.

• 출전 : 『본생경』 92/ 『근본설일체유부비나야잡사』 권28

진짜 보배를 숨겨놓은 사람은 남 앞에 자랑하지 않는다. 자랑하면 할수록 그것이 내 것이 될 확률은 점점 적어지기 때문이다.

## 상대의 약점은 가장 나쁜 무기


아들이 없던 어느 부잣집에 아들이 태어났다. 같은 날, 그 집에서 일하는 여종도 아들을 낳았다.

신분은 달랐지만 두 아이는 같은 집에서 함께 자라게 되었다. 주인의 아들이 글을 배울 때, 여종의 아이도 석판을 들고 따라다니면서 글을 배웠다. 여종의 아들은 곧 학문을 익혀 주인의 재산을 관리하는 일을 맡게 되었다. 그는 용모가 출중하고 총명했지만 일을 하는 것을 싫어했다.

'내가 언제까지고 남의 재산이나 관리하고 있을 순 없지. 난 노예로 살긴 싫어. 노예에서 벗어날 수 있는 방법이 있을 거야.'

얼마 후 그는 먼 곳에 주인의 친구가 있다는 것을 알았다.

"옳지. 주인의 친구에게 가서 주인 아들이라 속이고 그 집 딸과 결혼을 하면 많은 재산을 얻을 수 있을 거야."

여종의 아들은 거짓으로 편지를 쓰고, 주인의 도장을 훔쳐 편지에 찍었다. 그런 다음 주인 집에서 돈을 훔쳐 먼 길을 떠났다. 이윽고 그는 주인의 친구 집에 이르렀다.

편지를 읽은 주인의 친구는 기쁨을 감추지 못했다.

"정말 훌륭하게 자랐구나. 친구의 부탁대로 너를 내 사위로 맞아들이겠다."

그리하여 그는 그 집의 딸과 결혼하고, 그곳에 머물러 살게 되었다. 그는 높은 신분의 사람처럼 보이기 위해 어디에서나 오만한 태도를 보였다. 하인들이 음식을 차려 오면 시큰둥한 표정으로 말했다.

"정말 촌스런 음식이구나."

옷을 가져올 때도 마찬가지였다.

"이런 옷은 촌뜨기들이나 입는 옷이다."

그가 사사건건 트집을 잡자 사람들은 오히려 그가 귀한 집에서 자란 탓으로만 여겼다.

한편, 그의 주인은 젊은 노예 하나가 달아난 것을 알고 사방으로 사람을 보내어 찾기 시작했다. 그로부터 얼마 후, 주인은 달아난 노예가 친구의 집에 있는 것을 알게 되었다. 주인은 급히 짐을 꾸려 친구의 집으로 향했다.

주인이 온다는 말을 들은 여종의 아들은 고민에 빠졌다. 하지만 마땅히 도망칠 곳도, 도망칠 방법도 없었다. 결국 그는 장인어른이 모든 사실을 알기 전에 미리 마중을 나가 주인에게 사실대로 말한 후 용서를 구하기로 했다.

그는 곧 장인어른을 찾아가 말했다.

"저의 아버님이 오신다는 소식을 들었습니다. 그러니

예물과 음식을 준비해주십시오. 제가 멀리까지 마중을 나가겠습니다."

하지만 주인을 만나면 노예로서 맞이해야 하는 게 문제였다. 자신이 굽실거리는 것을 보면 사람들이 자신의 정체를 알아버리기 때문이었다. 그는 궁리 끝에 자신을 따라나선 사람들에게 말했다.

"나는 귀한 집안에서 어른을 섬기는 법을 배웠다. 나는 아버님과 식사를 할 때는 두 손으로 밥상과 그릇을 받쳐 들고 먼저 드린 다음, 물과 부채를 갖추어 아버님의 식사가 끝날 때까지 옆에 서 있다. 그리고 아버님이 쉬실 때도 늘 물병을 들고 기다린다. 이것이 귀한 집안에서 자식이 부모에게 행하는 도리이다."

사람들은 그의 말을 철석같이 믿었다. 마침내 주인이 수레를 타고 다가오자 그는 곧 무릎을 꿇고 절을 올렸다. 그러고는 두 손을 모으고 조용히 용서를 빌었다.

"주인님, 저를 용서해주십시오."

주인은 그가 잔꾀를 부리는 것을 이내 알아차렸지만, 집안의 명예를 생각해서 당분간 용서해주기로 마음먹었다. 주인은 아무런 내색도 하지 않고 친구의 집으로 향했다.

주인이 도착하자 친구는 반갑게 맞으며 말했다.

"사돈, 자네의 편지를 받고 자네 아들을 내 딸과 결혼

시켰네."

그러나 주인은 모르는 채 넘어가기로 했다. 밤이 되자 주인은 결혼한 친구의 딸을 불러들여 은근히 물었다.

"혹시 신랑이 너를 괴롭히지 않더냐?"

"그렇지는 않습니다. 그런데 음식과 옷에 대해 불평을 하곤 합니다."

주인은 금세 젊은 노예의 마음을 꿰뚫어보았다.

"녀석에게 아주 나쁜 버릇이 생겼구나. 만약 또다시 음식과 옷에 불평을 늘어놓으면 이렇게 말해라."

"어떤 말인가요?"

그러자 주인은 게송 하나를 읊었다

아비도 없는 놈이 남의 땅에 와서
온세상 사람들을 속이고 있구나.
항상 거친 음식을 먹던 놈이
배를 채우는 것만도 감지덕지.

이튿날, 주인은 다시 수레를 타고 태연하게 집으로 돌아갔다. 여종의 아들은 주인이 자신을 용서한 것을 알고 매우 기뻐했다. 그러나 주인이 돌아간 후 그는 예전보다 더 오만하게 굴었다.

어느 날, 음식을 차려 주니 또 잔소리를 늘어놓았다.

이를 본 아내가 말했다

"시아버님께서 이렇게 말하라고 하더군요."

그러면서 아내는 주인이 일러준 게송을 읊어주었다. 그 말을 들은 여종의 아들은 가슴이 철렁 내려앉았다. 이후 그는 어떤 일에도 불평을 늘어놓지 않았다. 거만하던 그의 태도도 점차 겸손하게 변해갔다. 그제야 그는 주인에게 감사하는 마음을 갖게 되었다.

• 출전 : 『본생경』 125/ 『경률이상』 권19

나의 약점을 알고 있는 사람만큼 무서운 사람이 없다. 그러므로 약점을 쥐고 있는 사람은 상대방을 손쉽게 부릴 수 있다. 하지만 약점을 지닌 사람은 두려워할 뿐, 진심으로 승복한 것이 아니다. 상대방을 진심으로 굴복시킬 수 있는 힘은, 오히려 그 약점을 기꺼이 용서해주는 것이다.

상대방의 약점을 기억하지 말라. 상대방을 내 사람으로 만들 수 있는 힘은 사랑과 용서뿐이다.

## 무모한 자만심


 국경 근처에 자그마한 마을이 있었다. 그 마을의 주막에는 국경을 오가는 상인들이 자주 머물렀다. 그들은 주막에서 하룻밤을 묵으며 술과 고기를 먹고는 다시 길을 떠났다.

 그곳에 살던 쇠똥벌레 한 마리가 똥 냄새를 맡고는 찾아왔다가 사람들이 남긴 술을 보았다. 벌레는 목이 마른 나머지 그 술을 먹고 취해 똥 무더기 위로 올라갔다. 그런데 무른 똥이 푹 꺼져버렸다. 벌레는 술에 취한 나머지 자신의 몸이 거대해져서 땅이 꺼졌다고 믿고는 기고만장해졌다.

 그때 코끼리 한 마리가 길을 지나다가 똥 냄새를 맡고는 슬금슬금 피해 지나갔다. 그러자 벌레는 더욱 기고만장해져서 코끼리를 향해 소리쳤다.

 "오너라, 코끼리여! 왜 달아나는가?"

 코끼리가 그 말을 듣고 다가가 벌레에게 말했다.

 "너를 없애는 데는 굳이 내 몸을 쓸 필요도 없지."

 그러면서 코끼리는 한 무더기의 똥을 벌레 위로 쏟아내고, 다시 그 위에 오줌을 갈겼다. 쇠똥벌레는 태산이 무

## 너지는 고통과 엄청난 홍수에 휩쓸려 결국 죽고 말았다.

• 출전 : 『본생경』 227

참새가 두루미를 쫓아가려면 가랑이가 찢어지고 만다. 헛된 자만심은 스스로를 망친다. 사마귀는 달려오는 수레를 막을 수 없고, 나룻배는 거센 파도를 피할 수 없다. 그렇듯이 제 분수를 모르고 날뛰는 사람은 그 끝이 비참하다.

## 쓸모없는 나무가 오래 간다

어느 나라의 궁궐 안에 곧게 자란 큰 나무가 있었다. 왕은 그 나무에게 신령스러움이 있다고 여겨 늘 아끼고 보호했다. 그에 따라 조정의 대신들과 백성들까지 그 나무의 신령함을 믿고 받들었다.

어느 날, 그 나라에 폭풍이 들이닥쳐 튼튼하게 지은 궁전마저 흔들렸다. 폭풍이 휩쓸고 지나가자 궁전의 기둥 하나가 비뚤어졌다. 왕은 이를 발견하고 목수를 불러 명했다.

"다른 나무로 기둥을 고쳐라."

목수는 전국을 돌아다니며 적당한 나무를 찾았으나 궁궐의 기둥으로 쓸 만한 나무를 찾지 못하였다. 실망한 목수는 이를 보고하기 위해 다시 궁궐에 들어왔다가 왕의 정원에서 곧게 자란 나무를 발견했다.

목수가 도착하자 왕이 물었다.

"나무를 찾았는가?"

"찾았습니다만 벨 수가 없습니다. 궁궐 안에 재목으로 쓸 만한 나무가 있는데, 안타깝게도 그 나무는 폐하께서 아끼시는 나무입니다."

"그래도 궁궐이 무너지는 일은 없어야 하지 않겠느냐? 어서 그 나무를 베어 기둥으로 쓰도록 하라."

그때 나무에 살고 있던 신령이 왕의 말을 듣고 걱정에 휩싸였다. 나무 신령은 여신을 찾아가 부탁했다.

"왕이 저를 베려고 합니다. 부디 저를 구해주십시오."

나무 신령의 부탁을 받은 여신은 곧 다람쥐로 변하여 나무에 구멍을 뚫기 시작했다. 이튿날, 나무를 베기 위해 도착한 목수는 깜짝 놀라고 말았다. 아름드리나무에 수없이 많은 구멍이 나 있었기 때문이다. 결국 목수는 나무를 포기하고 그곳을 떠났다.

- 출전: 『본생경』 121
- 『장자』 내편 「양생주(養生主)」에 나오는 이야기와 형식은 다르지만 전달하고자 하는 내용은 유사하다. 어떤 목수가 제자들을 거느리고 길을 가다가 커다란 나무를 보았는데, 제자들이 그 나무의 장대함에 놀라자 목수가 이렇게 말한다.
  "저것은 쓸데없는 나무다. 배를 만들면 가라앉을 것이고, 관을 만들면 금방 썩을 것이며, 그릇을 만들면 좀이 먹을 것이다. 그래서 이렇게 오랫동안 수명을 누린 것이다."

코끼리는 어금니 때문에 죽고, 물소는 뿔 때문에 죽으며, 물총새는 털 때문에 죽고, 고라니와 사슴은 가죽과 살 때문에 죽는다. 마찬가지로 곧게 자란 나무가 먼저 베어지고, 잘 익은 과일이 먼저 떨어지게 마련이다. 쓸모 있는 나무는 일찍 베어지지만 구불구불한 나무는 오래 살아남는다. 그러니 스스로 쓸모가 없다고 걱정할 이유가 없다.

## 입장 차이

어떤 왕이 평소 총애하는 사람에게 상을 내리기로 했다. 왕이 그 사람을 불러 물었다.

"그대가 원하는 것이 무엇인가? 내가 들어주겠노라."

그는 곰곰이 생각에 잠겨 있다가 왕에게 말했다.

"아내에게 물어보고 말씀드리겠습니다."

그는 집으로 돌아가 아내에게 말했다.

"전하께서 내가 원하는 것은 무엇이든 주겠다고 말씀하셨소. 그래, 당신은 무엇을 원하오?"

아내 역시 곰곰이 생각하다가 남편에게 되물었다.

"당신은 뭘 원하는데요?"

"난 땅을 받았으면 좋겠소."

그러자 아내가 대답했다.

"그렇다면 저는 온갖 보석과 아름다운 옷과 맛있는 음식을 갖고 싶습니다."

아내의 대답을 들은 그는 다시 아들에게 물었다.

아들이 대답했다.

"저는 화려한 수레와 천리마가 있었으면 좋겠습니다. 그러면 나라 안의 귀공자들과 어울릴 수 있습니다."

곁에 있던 딸이 대답했다.

"저는 여자이니 온갖 장식품과 화장품과 비단 옷이 있으면 좋겠습니다. 그러면 다른 여자들이 모두 저를 부러워할 것입니다."

남편은 이리저리 궁리하다가 이번에는 마루 밑에 서 있는 노비를 보고 물었다.

"너라면 무엇을 달라 하겠느냐?"

남자 노비가 대답했다.

"저는 하루 종일 밭을 가느라 힘이 듭니다. 그러니 저에게는 힘 좋은 소와 단단한 수레와 날카로운 쟁기가 있으면 좋겠지요."

그때 곁에 있던 여자 노비가 말했다.

"흥, 그딴 걸로 무얼 한단 말입니까? 저는 매일 곡식 가루를 빻느라 고생이 심합니다. 저라면 당연히 곡식을 빻을 수 있는 방아를 달라고 하겠습니다."

• 출전 : 『생경』 권5 「불설범지경」

우물 안에 사는 개구리는 한 뼘의 하늘을 하늘의 전부라고 여긴다. 비록 궁벽한 곳에 처해 있을 지라도 뜻은 크게 가져야 한다. 생쥐에게 범이나 사자가 될 기회가 주어졌는데도 고작 고양이가 되기를 원하는 것은 어리석다.

## 비상식량

숲 속에 사자 한 마리와 여우 한 마리가 살고 있었다. 여우는 늘 사자를 따라다니며 아첨을 일삼았다.

"어르신, 이 숲에서 어르신을 당할 자는 아무도 없습니다. 만일 어떤 놈이 어르신을 욕한다면 제가 달려와 일러바치겠습니다."

그러면서 여우는 사자가 남긴 찌꺼기를 얻어먹는 재미에 푹 빠졌다. 여우의 모습이 얄미웠지만 사자는 꾹 참았다.

얼마 후 사슴과 들소들이 맛있는 풀을 찾아 초원으로 떠나자 사자는 먹을 것이 없어졌다. 사자는 며칠 동안 사냥을 하지 못해 굶주리기에 이르렀다.

사자는 여우를 불렀다. 여우는 한달음에 달려와 고개를 숙였다.

"부르셨습니까?"

그러자 사자는 한 입에 여우의 목을 물었다. 숨이 막힌 여우는 몸을 부르르 떨며 가까스로 입을 열었다.

"어르신, 갑자기 왜 이러십니까? 그동안 잘 지냈잖아요. 살려주세요!"

사자는 한 입에 여우의 목을 부러뜨린 후 웃음을 터뜨렸다.

"내가 그동안 얄미운 네 놈을 살려둔 것은, 오늘처럼 사냥감이 없을 때를 대비하기 위해서였다."

• 출전 : 『경률이상』 권47

권력에 기생하며 사는 사람은 스스로의 목숨을 단축하는 사람이다. 아첨꾼은 금세 주인의 눈에 들지만, 주인은 언제 그를 버려야 하는지 잘 알고 있다. 아첨꾼이 필요한 시간은 잠시뿐이다. 어려운 지경에 처하면 가장 먼저 버려지는 게 아첨꾼인 것이다.

# 속 보이는 거짓말

동등한 거래 | 겁쟁이 병사의 거짓말 | 등잔 밑이 어둡구나 | 속 보이는 거짓말 | 고양이의 속임수 | 잉어 나누기 | 속일 걸 속여야지 | 말로만? | 사기꾼의 명예 | 예언자가 되려면 | 속이기 위한 고백 | 인간이든 짐승이든

# 동등한 거래

어떤 연못에 많은 물고기들이 살고 있었다. 어느 날, 해오라기 한 마리가 연못가에 있는 나뭇가지에 날아와 골똘히 생각에 잠겨 있었다. 물고기들이 그 모습을 보고 해오라기에게 물었다.

"무슨 생각을 그리 골똘히 하고 있습니까?"

해오라기가 안쓰러운 표정을 지으며 대답했다.

"너희들의 앞날이 걱정돼서 이러고 있는 거야."

"그게 무슨 말입니까?"

"이 연못은 작고, 물도 얕으며 먹을 것도 모자란다. 그러니 가뭄이 들면 너희들은 어떻게 되겠니?"

그 말을 듣고 보니 물고기들은 걱정이 되기 시작했다.

"그럼, 어떻게 하면 좋겠습니까?"

"내가 너희를 한 마리씩 물어다가 연꽃이 피어 있는 커다란 연못에 넣어주면 어떻겠니?"

그러자 한 물고기가 의심쩍은 얼굴로 말했다.

"혹시 우리를 잡아먹으려는 것 아닌가요?"

해오라기는 웃음을 터뜨리며 대답했다.

"믿을 수 없다면 먼저 한 마리를 데려다가 그 연못을

보여준 뒤 다시 돌아오겠어."

물고기들은 해오라기를 믿고 먼저 외눈박이 물고기 한 마리를 보냈다. 해오라기는 외눈박이 물고기를 물고 하늘 높이 올라가 연못을 보여주고는 다시 돌아왔다.

그 후 외눈박이 물고기는 다른 물고기들에게 자신이 보고 온 것에 대해 자랑하기 시작했다.

"세상은 정말 넓은 곳이야. 우린 그동안 우물 안 개구리였어."

외눈박이 물고기의 자랑을 들은 물고기들은 모두 부러워하며 해오라기를 찾아가 말했다.

"우리를 그곳으로 데려다주십시오."

해오라기는 외눈박이 물고기를 물어다주는 척하며 눈에 띄지 않은 곳으로 가서 잡아먹어버렸다. 이후 해오라기는 연못에 있는 물고기들을 한 마리씩 물어다가 잡아먹었다.

이윽고 연못에는 게 한 마리밖에 남지 않게 되었다. 해오라기는 마지막 남은 게를 잡아먹기 위해 다시 연못 위로 날아왔다. 그러나 게는 고개를 저으며 말했다.

"네가 나를 물고 가다가 떨어뜨리면 어쩌지? 난 가지 않겠어."

해오라기가 말했다.

"두려워할 것 없어. 너를 꽉 물고 가면 떨어지는 일이 없을 거야."

게는 곰곰이 생각하다가 천천히 말했다.

"날 물고 가지 않아도 돼. 물고기들은 발이 없지만 난 튼튼한 발이 있어. 그러니까 네 목에 매달려갈게."

해오라기는 게를 잡아먹을 생각에 얼른 대답했다.

"좋아. 그렇게 하지 뭐."

게는 해오라기의 목에 매달렸다. 한참 허공을 날아가다가 해오라기는 게에게 말했다.

"바보 같은 녀석, 여태껏 물고기들을 연못에 데려다주는 줄 알았지? 저 버드나무 밑에 있는 뼈 무더기를 보렴. 모두 저 신세가 되었지. 너도 같은 신세가 될 거야."

그 말을 들은 게는 당장 집게로 해오라기의 목을 죄었다. 해오라기는 숨이 막혀 더 이상 날 수가 없었다. 해오라기는 게에게 사정하며 말했다.

"잡아먹지 않을 테니 제발 이 목을 놓아줘."

"그럼 다시 연못에 데려가거라."

이윽고 해오라기는 넓은 호수에 이르렀다. 해오라기가 호수 위로 내려오자 게는 집게로 해오라기의 목을 잘라 죽였다.

• 출전 : 『본생경』 38

내 목숨을 걸고 거래를 할 때는 상대방의 목숨도 담보로 잡아야 한다. 상대방이 무엇 때문에 친절을 베푸는지를 먼저 살펴라. 이유 없는 친절은 없다. 거저 주어지는 장밋빛 미래도 없다. 상대방이 제시하는 미래가 장밋빛일수록 그 거래는 더 많은 위험을 내포하고 있다.

## 겁쟁이 병사의 거짓말


 어느 나라에 미련하고 겁이 많은 사나이가 있었다. 마침 그때 이웃나라와 전쟁이 벌어졌다. 그는 병사로 차출되어 전쟁터에 나가게 되었다.

 전쟁터로 향하는 날, 그는 집에서 기르던 검은 말을 타고 나갔다. 하지만 그는 원래 겁쟁이였기 때문에 적과 싸울 용기가 없었다. 이윽고 전쟁이 시작되자 그는 말에서 내려 몰래 자신의 얼굴에 다른 사람이 흘린 피를 바르고, 전사한 시체들 속에 누워 죽은 체하였다.

 그가 죽은 척하고 있는 동안 타고 왔던 검은 말은 어디론가 달아나버렸다. 마침내 전쟁이 끝나자 군사들은 전열을 재정비하여 퇴각하였다. 그는 재빨리 시체 속에서 일어나 곁에 죽어 있던 흰말의 꼬리를 잘랐다.

 얼마 후 그는 전쟁터에서 자른 흰말의 꼬리를 훈장처럼 어깨에 걸고 고향으로 향했다. 고향에 돌아오자 마을 사람들이 그의 귀향을 환영해주었다. 하지만 그가 걸어서 돌아오자 마을 사람들이 물었다.

 "타고 갔던 말은 어떻게 되었나?"

 겁쟁이 사내는 입에 침을 튀기며 말했다.

"정말 대단한 싸움이었네, 나는 말을 타고 적진을 돌아다니며 수없이 많은 적의 목을 베었지. 그런데 안타깝게도 내가 타고 있던 말이 적의 창에 찔리고 말았네. 정말 장렬한 죽음이었지."

"그럼, 어깨에 메고 있는 꼬리는 뭔가?"

사내는 말의 꼬리를 사람들에게 보여주며 말했다.

"바로 내가 타고 있던 말의 꼬리일세. 장렬한 죽음을 기리기 위해 가져온 것일세."

사내의 말이 끝나자 마을 사람들이 그를 비웃으며 말했다.

"자네가 타고 갔던 말은 분명히 검은 말이었는데, 손에 든 꼬리는 희지 않은가?"

• 출전 : 『백유경』 73

현명한 사람일수록 말수가 적고, 어리석은 사람일수록 말이 많다.
말이 많은 것은 어리석음을 감추기 위한 수단에 지나지 않는다.

## 등잔 밑이 어둡구나

어느 나라에 스스로 도인임을 자청하는 사람이 있었다. 그는 사람들에게 이런 소문을 퍼뜨렸다.

"나는 도를 많이 닦아 무엇이든 꿰뚫어볼 수 있는 천리안을 가졌다."

사람들은 그가 오랫동안 수행했으므로 소문을 쉽게 믿어버렸다. 그러던 어느 날, 마을의 부자가 도인을 초대하여 만찬을 베풀었다. 그런데 도인은 자리에 앉자마자 혼자 웃음을 터뜨렸다. 그 모습을 본 주인이 도인에게 물었다.

"왜 웃습니까?"

도인은 자신의 신통력을 자랑하듯 거만한 태도로 대답했다.

"내가 방금 5만 리나 떨어진 산을 보니 원숭이 한 마리가 지금 막 나무에서 떨어져 흐르는 물에 빠지는 게 아니겠소? 그게 하도 우스워서 웃고 있는 중이오."

그 소리를 들은 연회 참석자들은 도인의 능력에 놀라 모두 감탄했다. 그러나 단 한 사람, 집주인의 아들만큼은 그 말을 믿을 수 없었다. 아들은 도인의 능력을 시험해보기 위해 급히 부엌으로 달려가 밥상을 준비했다.

그는 밥그릇 밑에 온갖 반찬을 깔고는, 그 위에 쌀밥을 살짝 덮어 놓았다. 그런 다음 다른 손님들의 밥상에는 갖은 반찬과 요리들을 접시에 담아 늘어놓았다. 밥상을 내오자 다른 손님들은 맛있게 먹는데 오직 도인만은 얼굴을 찌푸리며 말했다.

"다른 사람들에게는 온갖 반찬과 요리를 내주면서 왜 나한테만은 달랑 밥 한 그릇만 주는 것이오?"

그 소리를 들은 주인의 아들이 웃으며 대답했다

"선생님의 반찬은 바로 쌀밥 밑에 있습니다. 선생님은 5만 리나 떨어져 있는 곳에서 일어나는 일들은 보면서, 어찌하여 밥그릇 안에 있는 반찬은 보지 못하십니까?"

• 출전 : 『잡비유경』 (도략 集) 21/ 『대장엄론경』 권13·67

성자는 결코 신비한 능력을 사용하지 않는다. 믿음이 약한 자들을 설득하기 위해 잠시 보여줄 뿐이다. 따라서 자신의 존재를 과시하기 위해 신비한 능력을 자랑하는 사람은 결코 성자가 아니다.
물위를 걷거나 공중으로 날아오르거나 몸에 쇠바늘을 꽂는 것은 신비한 능력이 아니다. 물을 건너려면 동전 한 닢의 뱃삯이면 충분하고, 하늘을 날기 위해서는 비행기를 타면 된다. 따라서 그런 재주를 자랑하는 것은 한낱 서커스에 불과하다. 진짜 신비한 힘은 바로 자신의 마음을 움직이고, 다른 사람의 마음을 변화시키는 힘이다.

## 속 보이는 거짓말

어떤 도둑이 나라의 창고에서 여러 가지 물건을 훔친 다음 멀리 달아났다. 그러자 왕은 사방으로 병사를 파견하여 마침내 그 도둑을 잡아들였다. 하지만 도둑은 자신이 저지른 짓을 자백하지 않았다.

"저는 선량한 백성입니다. 저는 도둑질을 한 일이 없습니다."

왕은 난감한 표정으로 도둑을 바라보았다. 그때 도둑의 집에서 찾아낸 수많은 물건들이 왕 앞에 도착했다. 그가 훔쳐낸 수많은 보물과 화려한 비단옷이 도둑 앞에 놓여졌다. 왕이 비단옷을 가리키며 도둑에게 물었다.

"이 옷은 어디에서 난 것이냐?"

도둑이 대답했다.

"이 옷은 저의 할아버지께서 물려주신 것입니다."

왕은 잠시 생각에 잠겨 있다가 도둑에게 말했다.

"그렇다면 그 옷을 입어보라!"

왕의 명령에 도둑은 당황할 수밖에 없었다. 도둑이 갖고 있는 옷은 본래부터 그가 입던 옷이 아니었기 때문에 제대로 입을 줄을 몰랐던 것이다. 도둑은 비단옷을 들어 억지로 몸에 꿰기 시작했다. 하지만 손을 넣을 곳에 다리를 넣고, 허리에 두를 것을 머리에 썼다.

왕은 그 모습을 지켜보고 있다가 도둑에게 말했다.

"만일 그것이 너의 할아버지 때부터 내려온 옷이라면 너도 마땅히 옷을 입을 줄 알아야 한다. 왜 위아래를 뒤집어 입는가? 입을 줄 모르는 것을 보면 확실히 그 옷은 도둑질한 것이다."

도둑의 어리석은 속임수는 금방 탄로 나고 말았다.

• 출전 : 『백유경』 8

어설픈 속임수는 오히려 자신을 얽매이는 사슬이 된다. 억지로 꿰어 입지 말라. 아무리 화려한 옷도 거짓을 감추지는 못한다.

## 고양이의 속임수


 아주 늙은 고양이 한 마리가 있었다. 그는 이미 기력이 쇠잔하여 예전처럼 날랜 몸놀림으로 쥐를 잡아먹을 수가 없었다. 그리하여 그는 쥐들이 눈앞으로 행렬을 이루며 지나가도 잡을 수가 없었다. 고민 끝에 그는 한 가지 꾀를 생각해냈다.

 이튿날, 고양이는 쥐구멍 앞에 한발로 선 채 고개를 동쪽으로 돌리고 바람을 마시고 있었다. 쥐구멍을 빠져나오던 쥐 한 마리가 고양이의 근엄한 자세를 바라보고는 감탄하며 물었다.

"고양이 아저씨, 거기서 뭐하고 있어요?"

 고양이가 자세를 흩뜨리지 않은 채 대답했다.

"도를 닦고 있단다."

"왜 한 발로 서 있어요?"

"네 발로 서면 땅이 내 무게를 버틸 수 없단다. 그래서 한 발로 서 있는 거야."

"그러면 왜 입을 벌리고 있어요?"

"나는 살생을 하지 않고 다만 바람을 마시면서 산단다."

"그럼 왜 동쪽을 향해 서 있죠?"

"태양을 향해 예배를 드리는 거란다."

쥐들은 고양이의 말이 너무나 미더워 보였다. 쥐들은 고양이에게 경의를 표한 다음 쥐구멍 안으로 들어갔다. 그 순간, 고양이는 맨 뒤에 들어가는 쥐 한 마리를 날름 삼킨 후 입을 닦아버렸다.

앞서 쥐구멍으로 들어간 쥐들은 맨 뒤의 쥐가 없어진 줄도 모르고 안심했다. 하지만 그런 일은 날마다 계속되어 쥐들은 매일 한 마리씩 줄어들기 시작했다. 우두머리 쥐가 이상히 여겨 고양이의 행동을 자세히 살펴보았다. 그랬더니 고양이의 얼굴은 예전에 비해 아주 탄력이 있었고, 몸도 살이 쪄 있었다.

어느 날, 우두머리 쥐가 고양이에게 물었다.

"어째서 얼굴이 그렇게 좋은가요?"

고양이가 대답했다.

"날마다 좌선을 해서 그렇지."

우두머리 쥐는 아무래도 이상히 여겨 고양이가 눈 똥을 살펴보았다. 그랬더니 고양이의 똥 속에 쥐의 털이 들어 있었다. 그제야 우두머리 쥐는 모든 것을 깨닫고 쥐들에게 말했다.

"저놈은 좌선을 하고 있는 것이 아니다. 놈은 아직 제 버릇을 버리지 못했다."

이튿날부터 쥐들은 고양이를 피해 다녔고, 결국 고양

이는 굶어죽고 말았다.

• 출전 : 『본생경』 128 · 129 · 384

스스로 깨달음을 얻었다고 떠벌리는 사람 중에 깨달음을 얻은 사람은 하나도 없다. 남에게 깨달았다고 소문내는 사람은 분명 다른 목적을 가진 사람이다. 신의 계시를 받았다고 주장하는 사람, 신의 아들이라고 주장하는 사람의 뒤를 살펴보라.
 반드시 감추어진 그림자가 보일 것이다.

# 잉어 나누기


 두 마리의 수달이 강물 속에서 잉어 한 마리를 잡았다. 수달은 한 마리 잉어를 앞에 놓고 어떻게 나눌까 고민하기 시작했다. 하지만 어떻게 하면 똑같이 나눌 수 있는지 방법을 알 수가 없었다.

 승냥이 한 마리가 물을 마시러 강가에 왔다가 그 모습을 보고 물었다.

 "지금 뭘 하고 계시는 겁니까?"

 수달이 대답했다.

 "우리가 커다란 잉어 한 마리를 잡았는데 어떻게 하면 똑같이 나눌 수 있는지 고민하고 있는 중이라네. 혹시 자네는 똑같이 나누는 방법을 알고 있는가?"

 "물론이지요. 옛 가르침에 의하면 땅에 의지하는 이에게 꼬리를 주고, 깊은 물에 의지하는 이에게 대가리를 주며, 법을 아는 이에게 가운데 토막을 주라는 말이 있습니다."

 승냥이는 잉어를 머리, 몸통, 꼬리 세 등분으로 나눈 다음 수달에게 물었다.

 "누가 땅에 가까이 가는 것을 좋아합니까?"

한 마리 수달이 대답했다.

"나일세."

"그럼 누가 깊은 물에 들어가는 것을 좋아합니까?"

"내가 그렇다네."

그러자 승냥이가 말했다.

"그럼 가운데 토막은 내가 가져가야겠군요."

그러면서 승냥이는 잉어의 몸통을 물고 어디론가 사라져버렸다.

• 출전 : 『경률이상』 권15

똑같이 나누어야 한다면 과감히 둘로 잘라라. 자르기를 망설이다가는 칼을 빌려간 이, 칼을 빌려준 이, 칼로 자른 이까지 끼어들어 몫은 점점 적어진다. 공짜는 없다. 그들은 다툼이 있는 곳이라면 어디든 달려가는 것이다.

## 속일 걸 속여야지


 어느 나라에 한 사람의 도인이 있었다. 그는 평소에 아무것도 먹지 않는다는 것을 천하에 소문을 내고 돌아다녔다.
 "나는 성자이다. 성자는 먹지 않아도 살 수 있다."
 그 소문이 퍼지자 세상 사람들은 모두 그를 존경했고, 그 나라의 왕도 그를 스승으로 모셨다. 그러나 그 나라의 태자는 아무것도 먹지 않고 살아갈 수 있다는 데 의심을 품었다. 한번 의심을 품게 되자 태자에게는 그가 사기꾼처럼 보였다. 태자는 그를 만나도 존경을 표하지 않았다. 그러자 왕이 태자를 불러 말했다.
 "그 도인은 음식을 먹지 않고도 살 수 있다. 참으로 신기한 일이 아니더냐. 너는 아직 가르침을 받지 못해 그런 성자를 존경할 줄 모르는 것이다. 앞으로는 내가 하는 것처럼, 그 도인을 스승으로 존경하도록 하라."
 태자는 왕의 명령이 부당하다고 여겼지만 머리를 굽히며 대답했다.
 "알겠습니다. 하지만 저는 음식을 먹지 않고도 살 수 있다는 것을 믿을 수 없습니다."

이튿날부터 태자는 도인이 나타날 때마다 고개를 숙였지만, 의심은 여전히 풀리지 않았다. 그러던 어느 날, 태자는 깊은 산 속에서 수행하고 있는 도인을 찾아갔다. 길을 가다가 태자는 한 사람의 소몰이꾼을 만나 물었다.

"정말로 그분은 아무 것도 먹지 않습니까?"

소몰이꾼이 대답했다.

"낮에는 먹지 않지만, 밤에는 치즈를 먹습니다."

태자는 그 말을 듣고 몹시 기뻐하며 궁궐로 돌아왔다.

이튿날, 태자는 설사를 일으키는 향 가루를 연꽃에 뿌려놓고 도인이 나타나기를 기다렸다. 이윽고 도인이 거만한 태도로 궁중에 들어오자 태자는 미리 준비한 연꽃을 손에 들고 정중하게 무릎을 꿇어 존경을 표했다.

이를 본 도인은 몹시 기뻐하며 그 연꽃을 받아 들고 냄새를 맡았다. 그러자 갑자기 복통이 일어나더니 아랫배가 부글거리기 시작했다. 도인은 급히 변소를 향해 걸음을 옮겼다.

그때 태자가 도인을 불러 세우며 물었다.

"아무것도 먹지 않는 분이 무엇 때문에 변소를 찾으십니까?"

바라문은 그 말을 듣고 다시 돌아와 자리에 앉았다. 순간 간밤에 먹었던 치즈를 모두 토하고 말았다.

• 출전 : 『대지도론』 권16·27

소문은 끝없이 부풀려진다. 대개 소문은 누군가에 의해 의도적으로 전파되며, 설령 의도하지 않았다 하더라도, 수많은 사람의 입을 거치고 나면 죽은 사람도 다시 살아나는 법이다. 거짓으로 깨달은 자일수록 성자인 체하지만, 진정한 성자일수록 인간의 모습에 가장 가깝다.

말로만?


 어떤 마을에 양을 치는 기술이 뛰어난 사람이 있었다. 그는 양을 잘 키워 엄청난 부자가 되었지만, 매우 탐욕스럽고 인색한 구두쇠였다. 게다가 돈을 버는 데만 열중한 나머지 세상 물정을 전혀 모르는 사람이었다.

 같은 마을에 사기꾼 한 사람이 살고 있었다. 사기꾼은 양치기의 재산에 눈독을 들이다가 재물을 빼앗을 수 있는 한 가지 꾀를 생각해냈다.

 어느 날, 사기꾼은 양치기를 찾아가 이렇게 말했다.

 "나는 늘 자네만 걱정하고 있다네. 이 마을에서 자네와 가장 친한 사람이 바로 나 아닌가? 자네는 열심히 일해서 많은 재산을 모았지만, 돈이 무슨 소용인가? 아직 아내도 얻지 못했는데."

 양치기는 갑자기 눈물이 쏟아질 것만 같았다. 자신의 처지를 위로해주는 친구에게 너무나 고마웠다.

 "어쩌겠나? 마땅한 신부가 없으니."

 순간 사기꾼의 눈이 반짝 빛을 발했다.

 "마땅한 신부가 없다니, 그게 무슨 소리인가? 실은 내가 아주 훌륭한 처녀를 알고 있다네. 내가 혼인을 주선

할 테니 그 신부를 맞이하겠는가?"

양치기는 사기꾼의 말을 듣고 매우 기뻤다. 그리하여 그는 사기꾼이 요구하는 대로 신부에게 보낼 많은 재물을 건네주었다.

얼마의 시간이 흐른 뒤, 사기꾼이 다시 양치기를 찾아왔다. 양치기가 물었다.

"내 신부는 잘 있는가?"

사기꾼이 대답했다.

"좋은 소식이 있네. 자네 신부가 오늘 아들을 낳았네."

"그게 정말인가?" 양치기는 아직 신부도 보지 못했는데 벌써 아들을 낳았다는 말을 듣고 매우 기뻐했다. 그는 사기꾼에게 재물을 건네주며 신부에게 전해달라고 부탁했다.

다시 얼마의 시간이 흐른 뒤 다시 사기꾼이 찾아왔다.

"좋지 않은 소식이네. 자네 아들이 그만 죽어버렸네."

양치기는 그 말을 듣고 슬피 울며 중얼거렸다.

"아아, 내 자식이 죽다니."

• 출전 : 『백유경』 30

사기꾼들의 수법은 간단하다. 그것은 보통의 이익보다 훨씬 많은 이익을 보장해준다는 것이다. 따라서 사기꾼에게 속는 사람은 스스로 욕심을 갖고 있다는 증거다. 사기꾼은 이런 사람을 노린다.

## 사기꾼의 명예


 어떤 사기꾼이 수행자로 가장하고 사방을 돌아다니며 사람들을 속였다. 그때 어떤 부자가 사기꾼을 찾아가 말했다.
 "스님, 저에게 조그마한 동산이 있는데 그곳에 머물면서 도를 닦으십시오."
 스님으로 가장한 사기꾼은 그 말을 듣고 몹시 기뻤다. 부자는 동산에 작은 초막을 짓고 사기꾼을 모셨다. 그날 이후 부자는 늘 사기꾼을 공경하며 음식을 제공했다.
 그러던 어느 날, 부자는 금목걸이 백 개를 가지고 가서 사기꾼에게 말했다.
 "스님, 이것이 저의 전 재산입니다. 저의 집에 두면 도둑맞기 십상이지요. 그러니 이것을 좀 맡아주세요."
 사기꾼은 그 말을 듣고 내심 기뻐했으나 겉으로는 재물에 욕심이 없는 척 행동했다.
 "출가한 사람은 재물에 욕심을 내지 않습니다. 안심하십시오. 여기 초막 안에 구덩이를 파고 묻으십시오. 제가 잘 지켜드리겠습니다."
 부자는 사기꾼이 시키는 대로 백 개의 금목걸이를 땅

에 묻었다. 재물을 수중에 넣은 사기꾼은 입이 벌어졌다.

"호박이 넝쿨째 굴러 들어왔군."

얼마 후 사기꾼은 묻어두었던 금목걸이를 파낸 후 급히 짐을 꾸렸다. 그리고 부자의 집으로 찾아가 식사를 마친 다음, 이렇게 말했다.

"오랫동안 신세를 졌습니다. 이제 나는 이곳을 떠나야겠습니다. 한곳에 너무 오래 머물면 집착이 생기거든요."

부자는 만류했으나 사기꾼은 기어이 그곳을 떠났다. 부자는 마을 어귀까지 나가 그를 전송했다. 사기꾼은 재물을 챙겨 걸음아 날 살려라 도망치다가 잠시 걸음을 멈추고 생각했다.

"어쩌면 부자가 나를 욕할지도 몰라. 그동안 지켜온 내 명성에 흠집이 생겨서는 안 되지."

그런 생각이 들자 사기꾼은 풀잎 한 개를 머리에 꽂고 다시 돌아왔다. 부자가 깜짝 놀라며 물었다.

"왜 다시 돌아오십니까?"

"이 집 화분에 있던 풀잎 하나가 내 머리 위로 떨어졌습니다. 비록 한 개의 풀잎일지라도 수행자는 남이 주지 않는 것을 소유하지 않습니다. 그래서 이것을 돌려드리기 위해 다시 왔습니다."

사기꾼은 풀잎을 부자에게 건네주고 다시 길을 떠났다. 풀잎을 받아든 부자는 더욱 감동했다.

"참으로 훌륭한 분이구나."

며칠 뒤, 부자는 초막으로 가서 재물을 묻어둔 곳을 파냈다. 그러나 묻어두었던 금목걸이는 흔적도 찾을 수 없었다. 부자는 가슴을 치며 한탄했다.

"그 사기꾼이 백 개의 금목걸이를 훔친 것에는 양심의 가책을 느끼지 못하고, 풀잎 하나에는 양심의 가책을 느꼈구나!"

• 출전 : 『본생경』 89

살인자도 자신의 이름이 소중하게 기억되기를 원한다. 하지만 후세 사람은 그의 이름이 아니라 인격을 기억한다. 아무리 유명한 사람도 그 이름 앞에 살인자나 독재자라는 말이 붙으면 무슨 소용인가.

## 예언자가 되려면

 천문을 공부하여 미래를 예언할 수 있다고 믿는 사람이 있었다. 그는 자신의 재주를 철석같이 믿고 이웃나라로 향했다. 그는 이웃나라 사람들에게 자신의 재주를 알리기 위해 시장거리로 나가 자식을 안고 울기 시작했다.
 길 가던 사람이 그에게 물었다.
 "왜 그리 서럽게 우시오?"
 그가 대답했다.
 "내 아들은 이레 후에 죽을 것입니다. 일찍 죽는 것이 가여워 이렇게 우는 것입니다."
 "사람의 병이란 쉽게 판단할 수 없소. 꼭 이레 후에 죽으란 법이 어디 있소?"
 "나의 예언은 이제까지 한 번도 틀린 적이 없습니다."
 그러자 주위에 있던 사람들이 신기해하며 모여들었다. 이윽고 이레가 지나자 그는 자신의 아들을 살해한 후 자식이 죽었다는 소문을 내었다.
 "불행히도 내 예언이 맞아 아들이 죽었구나!"
 사람들은 이레 뒤에 그 아이가 죽었다는 말을 듣고 모두 고개를 끄덕이며 말했다.

"참으로 용한 점쟁이야. 어서 가서 내 운명이 어떨지 물어봐야지."

이튿날부터 그의 집 앞에는 사람들이 다투어 모여들어 그를 스승으로 섬겼다.

• 출전 : 『백유경』 11

예언자들의 말은 옳다. 그리고 거짓 예언자들의 말도 옳다. 그들은 앞으로 반드시 닥쳐올 일만을 예언하기 때문이다. 그들은 늘 죽음, 파멸, 재앙, 구원 같은 것을 예언한다. 죽음과 파멸과 재앙은 지금 오지 않아도 언젠가는 올 것이며, 구원은 결코 살아 있을 때 입증되지 않는다. 따라서 예언은 누구나 할 수 있고, 절대 틀리지도 않는다.

## 속이기 위한 고백

아내를 몹시 사랑하는 남자가 있었다. 질투심이 강했던 그는 아내의 외출을 금하고 다른 남자와는 일절 만나지 못하도록 했다. 참다못한 아내는 뒷마당에 몰래 땅굴을 파고는 세공을 하는 젊은이와 사랑에 빠졌다.

아내를 의심하던 남편은 마당을 샅샅이 뒤져 땅굴을 찾아냈다. 남편이 다그치자 아내는 완강히 부인하며 끝까지 딱 잡아떼었다.

"절대 다른 남자를 만난 일이 없습니다."

남편은 그 말을 믿을 수 없었다.

"당신이 정말로 결백하다면 사당에 가서 신령님께 물어봅시다."

아내도 찬성하였으므로 남편은 목욕재계한 후 사당에 들어가 7일 동안 기도를 올리며 밖으로 나오지 않았다. 그동안 아내는 정을 통하던 젊은이를 찾아가 말했다.

"남편이 곧 기도를 끝내고 나올 거예요. 그럼 당신은 저잣거리에 있다가 제가 남편과 함께 나타나면 재빨리 저를 껴안으세요."

이윽고 남편이 7일 간의 기도를 끝낸 후 아내를 데리

고 거리로 나왔다. 아내가 몹시 기쁜 표정으로 말했다.

"당신과 함께 시장거리를 구경하는 것은 생전 처음이군요."

두 사람은 다정한 모습으로 함께 걸어갔다. 그때 별안간 젊은이 하나가 나타나 아내를 덥석 껴안았다. 아내는 깜짝 놀라 비명을 내질렀다. 젊은이가 재빨리 도망치자 아내는 남편에게 화를 내며 소리쳤다.

"낯선 남정네가 나를 껴안았는데 당신은 도대체 뭘 하고 있었던 거예요!"

남편은 아내를 지켜주지 못한 데 책임을 느끼고 얼굴을 붉히며 말했다.

"미안하오. 아마도 미친 사람 같소."

얼마 후, 부부는 사당으로 향했다. 남편이 아내를 재촉하며 말했다.

"잘못이 있으면 모두 고백하시오. 만일 고백하지 않으면 신령님이 큰 벌을 내릴 것이오."

아내를 사당 안으로 들여보낸 남편은 사당 뒤편에 몸을 숨겼다. 아내의 고백을 몰래 듣기 위해서였다. 이윽고 무릎을 꿇은 아내는 남편이 들으라는 듯 큰 소리로 고백했다.

"저는 한 번도 나쁜 짓을 저지른 적이 없습니다. 다만 거리에서 한 미치광이가 저를 껴안은 적이 있습니다."

아내의 고백을 들은 남편은 자신의 아내야말로 세상에서 가장 정숙한 여인이라고 믿게 되었다.

• 출전 : 『구잡비유경』 上·25

악어는 먹이를 잡아먹을 때 눈물을 흘린다. 언뜻 보면 잡아먹히는 동물이 불쌍하여 눈물을 흘리는 것처럼 보이지만, 이는 눈물이 입안에 수분을 보충해줌으로써 먹이를 쉽게 삼킬 수 있기 때문이다. 악어의 눈물을 조심하라. 모든 고백이 진실은 아니다.

# 인간이든 짐승이든

어떤 늙은이가 아내를 잃고 젊은 여자에게 장가를 들었다. 그러나 새로 얻은 아내는 늙은 남편이 싫어 다른 사내와 바람을 피우기 시작했다. 남편이 점차 의심을 하기 시작하자 아내는 한 가지 술수를 생각해냈다.

어느 날 전처가 남긴 어린 아들이 불구덩이 속에 넘어지자 새로 얻은 아내는 그저 바라보기만 할 뿐 불 속에서 꺼내려 하지 않았다.

그 모습을 본 남편이 아내를 꾸짖었다.

"아이가 불 속에 넘어졌는데 그렇게 보고만 있으면 어떻게 하오?"

아내는 시치미를 떼며 대답했다.

"내가 지금까지 손을 잡아본 남자는 당신밖에 없어요. 아무리 자식이라고는 하지만 전처의 소생인데 어찌 남자의 손을 잡겠습니까?"

그 말에 남편은 아내의 순결을 철저히 믿게 되었다. 그러나 아내가 젊은 사내들을 집으로 불러들여 계속 정을 통하자 남편은 아내 몰래 재산을 챙겨 집을 나왔다.

집을 나와 길을 가다가 그는 어떤 사내와 길동무가 되

었다. 두 사람은 같은 주막에서 하룻밤을 묵고 이튿날 길을 떠나게 되었다. 그때 길동무가 자신의 옷에 묻은 잎사귀 하나를 떼어내며 말했다.

"어젯밤 묵은 주막에 귀한 화초가 있었는데, 그 잎사귀가 내 옷에 붙어 있군요. 나는 태어나서 한 번도 남의 물건에 손을 댄 일이 없습니다. 그러니 빨리 돌아가서 이 잎사귀를 돌려주고 와야겠어요. 그때까지 기다려주십시오."

길동무는 한참만에야 돌아왔다. 그 모습을 본 늙은이는 길동무의 정직함에 반해 더욱 존경하게 되었다. 늙은이는 길동무를 의지하며 길을 떠났다.

한참 길을 가다가 늙은이는 갑자기 똥이 마려웠다. 그는 자신의 재산을 모두 길동무에게 맡기고 숲 속으로 들어가 시원스레 대변을 보았다.

그러나 똥을 누고 돌아와보니 보따리는 물론, 길동무도 온데간데없었다. 그제야 속은 것을 깨달은 늙은이는 힘없이 발걸음을 옮겼다. 얼마 가지 않아 나무 아래 쉬고 있는데, 한 마리의 황새가 다른 새들에게 말하는 소리가 들려왔다.

"우리가 뿔뿔이 흩어져 고생할 것이 아니라 한군데 모여 살면 훨씬 좋을 거야."

다른 새들이 황새의 말을 믿고 모두 한곳에 모여들었

다. 그러자 황새는 새들의 둥우리에 들어 있는 알을 모두 쪼아 먹고 새끼들까지 잡아먹어버렸다. 그러고는 시치미를 떼고 다른 새들이 오기 전에 풀을 쪼아 먹는 시늉을 했다.

새들이 돌아와 알과 새끼가 없어진 것을 보고 황새를 의심했다. 황새는 재빨리 새들에게 변명했다.

"내가 한 짓이 아냐. 봐, 난 이렇게 풀을 먹고 살잖아."

늙은이는 이 모습을 보고 크게 깨달은 바가 있었다.

잠시 후 그는 또 수행자 차림은 한 사내를 만났다. 수행자는 검소한 옷을 걸치고 있었는데, 걸음을 옮길 때마다 큰 소리로 외쳤다.

"가거라, 모든 벌레들아!"

늙은이가 수행자에게 물었다.

"당신은 무엇 때문에 그렇게 외치면서 걷는 거요?"

"나는 출가한 몸입니다. 혹시 내 발길에 벌레가 밟혀 죽을까 싶어 떠나라고 외치는 것입니다."

늙은이는 그 말을 듣고 수행자의 자비심에 감동하여 그를 굳게 믿었다.

어느덧 날이 저물어 두 사람은 함께 하룻밤을 묵게 되었다. 수행자는 늙은이가 갈 곳이 없음을 알고 자신의 초막으로 데려갔다.

밤이 깊어지자 수행자가 말했다.

"나는 조용히 명상을 해야 하니 다른 방에 가서 주무시겠습니까?"

늙은이는 그 말을 듣고 방을 나와 헛간으로 향했다. 그런데 헛간에서 잠을 자다가 깨어보니 어디선가 춤과 음악소리가 울려 퍼지고 있었다. 늙은이는 가만히 자리에서 일어나 밖을 살펴보았다. 그랬더니 수행자가 지하실에 숨겨두었던 여인과 정을 통하고 있었다. 그 모습을 바라보던 늙은이가 탄식하며 중얼거렸다.

"짐승이든 인간이든 믿을 것이 못 되는구나!"

• 출전 : 『잡보장경』 권10·118

사람을 사귈 때는 겉모습이나 내뱉는 말을 볼 것이 아니라 그 사람의 행하는 바를 보아야 한다. 숨길 것이 많은 사람일수록 대개 좋은 옷을 입고, 멋진 장신구로 치장하며, 상대방이 듣기 좋은 말만 한다.

# 세상에서 가장 빠른 것

눈먼 부부 | 세상에서 가장 빠른 것 | 세상에서 가장 행복한 사람 | 세 차례의 경고 | 사람의 머리 값은 얼마인가 | 한 방울의 꿀 | 한바탕 고된 꿈 | 항아리 속의 구슬 | 새가 없는 나라 | 사랑은 움직이는 거야 | 몸 안에 담긴 진실

# 눈먼 부부

옛날 어떤 마을에 사이좋은 부부가 살고 있었다. 부부는 남들이 부러워할 정도로 아름다운 자태와 단정한 외모를 갖추고 있었다. 부부는 서로를 무척 사랑하여 종일 함께 있어도 싫증을 내지 않았다.

그러던 어느 날, 부부는 갑자기 눈이 멀고 말았다. 하지만 그들은 더욱더 서로를 사랑하며 위로해주었다. 다만 걱정이 되는 것은 앞을 보지 못하기 때문에 남들에게 속지 않을까 하는 것이었다. 그리하여 부부는 서로를 걱정하며 한시도 떨어지려 하지 않았다.

이윽고 오랜 세월이 지난 후, 부부는 장님을 고칠 수 있는 용한 의원이 있다는 소문을 들었다. 부부는 눈을 고치기 위해 급히 의원을 찾아갔다. 의원은 부부의 눈을 치료하여 마침내 앞을 볼 수 있게 해주었다.

먼저 눈을 뜬 남편이 곁을 바라보니 웬 할머니가 앉아 있었다. 남편이 깜짝 놀라 소리쳤다.

"당신은 누구요?"

의원이 말했다.

"바로 당신의 아내입니다."

그러자 남편이 소리쳤다.

"누가 내 아내를 바꿔치기했단 말이오?"

남편에 이어 눈을 뜨게 된 아내도 옆에 앉아 있는 늙은이를 보고는 화들짝 놀라 소리쳤다.

"이 늙은이는 누구요?"

"당신의 남편입니다."

그 말을 들은 아내는 탄식을 쏟아내며 소리쳤다.

"도대체 누가 내 남편을 바꿔치기했단 말이오?"

• 출전 : 『출요경』 권3 「무상품」

젊은 날의 환상은 오래가지 않는다. 만일 그때의 환상을 간직하고 싶다면 차라리 눈을 감아라. 세월은 도적과 같은 존재다. 내가 알지 못하는 사이에 슬며시 숨어 들어와 젊음을 앗아가는 것이다.

## 세상에서 가장 빠른 것


어떤 왕이 황금빛 기러기를 기르고 있었다. 왕은 기러기의 깃털에 귀한 기름을 발라주고 날마다 맛있는 먹이를 주며 친구처럼 아끼고 사랑했다. 그 기러기는 상상할 수 없을 정도로 빨리 나는 기술을 갖고 있었다.

어느 날 왕이 기러기에게 말했다.

"그대는 태양보다 빨리 날 수 있는가?"

기러기가 대답했다.

"저는 태양보다 빨리 날 수는 없습니다."

"그럼 어느 정도 빨리 날 수 있는가?"

"굳이 저의 속도를 보고 싶다면 화살을 가장 잘 쏘는 궁수들을 모아주십시오."

왕은 기러기의 말대로 활을 잘 쏘는 네 사람의 궁수를 불러 모았다. 그런 다음 광장에 돌기둥을 세우고 기러기의 목에 방울을 달아 그 위에 앉도록 했다. 네 사람의 궁수는 돌기둥을 가운데 놓고 빙 둘러섰다.

기러기가 왕에게 말했다.

"네 사람이 동시에 활을 쏘게 하십시오."

왕이 명령하자 궁수들은 일제히 네 개의 화살을 쏘았

다. 순간 기러기가 허공으로 날아올랐다. 기러기의 몸은 워낙 빨라서 그 모습은 보이지 않고, 대신 목에 달린 방울소리만 들렸다. 이윽고 기러기는 몸을 솟구쳐 허공을 향해 날아가는 네 개의 화살을 입에 문 다음 다시 왕 앞에 화살을 떨어뜨려 놓았다.

"제 빠르기를 확인하셨습니까?"

왕은 감탄하며 말했다.

"이 세상에서 그대의 빠르기를 당할 자는 없을 것이다. 혹시 그대보다 더 빠른 것이 있는가?"

"물론 있습니다."

"무엇인가?"

기러기가 대답했다.

"사람의 수명입니다."

"수명이라고?"

깜짝 놀란 왕이 입을 다물지 못하자 기러기가 말을 이었다.

"그렇습니다. 제가 오늘 보여준 속도는 제가 낼 수 있는 속도 중에서 가장 느린 것입니다. 그러나 사람의 인생은 제가 아무리 빠른 속도로 난다 해도 그보다 백 배, 천 배, 아니 10만 배로 빠릅니다. 그것이 사람의 목숨입니다."

• 출전 : 『본생경』 476

시간은 쏜살처럼 흘러간다. 이 땅에 먼저 태어났던 우리의 아버지들도 쏜살같은 세월을 겪었으며 우리의 자손 또한 그것을 경험할 것이다. 우리가 존재하기 위해서 시간은 수많은 죽음들을 만들어 냈다. 결국 우리의 삶은 조상들의 죽음을 바탕으로 한 것이고, 미래 또한 우리의 죽음을 딛고 다가올 것이다.

인생이 아픈 것은, 지나간 시간을 되돌릴 수 없다는 데 있다. 하지만 찰나 같은 삶을 슬퍼하지 말라. 삶은 윤회의 고통을 끊을 수 있는 기회이다. 생로병사의 고통으로 벗어날 수 있는 길은 현세의 삶을 아름답게 사는 것뿐이다.

# 세상에서 가장 행복한 사람

어떤 왕이 행인으로 변장한 후 시장거리를 살펴보고 있었다. 마침 왕은 시장 한구석에서 신발을 고치는 노인을 발견하고, 그에게 다가 물었다.

"세상에서 누가 제일 행복한 사람이오?"

노인이 대답했다.

"그야 이 나라의 왕이지요. 왕은 모든 것을 가질 수 있고, 백성들을 마음대로 부릴 수 있지요."

왕은 고개를 끄덕이고 나서 노인에게 술 한 병을 건넸다. 노인은 왕이 준 술을 마시고 금세 취하여 바닥에 쓰러졌다. 그러자 왕은 노인을 궁궐로 데려가 침실에 눕힌 후 왕비에게 말했다.

"이 늙은이가 말하기를 왕이 세상에서 제일 행복한 사람이라고 합디다. 그러니 이 늙은이를 왕처럼 대해주시오."

왕은 신하들에게도 똑같은 당부를 했다. 이윽고 노인이 술에서 깨어나자 왕비가 시치미를 떼고 말하였다.

"어서 일어나 조회에 나가십시오. 백관들이 기다리고 있습니다."

노인은 영문도 모른 채 문무백관들이 모여 있는 조회에 참석했다. 신하들이 다투어 정사를 논했으나 노인은 한마디도 알아들을 수가 없었다. 관리들은 왕의 허물을 기록하였고, 여러 대신들은 충고하였다. 자리에 온종일 앉아 있으니 온몸이 결리고 아파왔다.

저녁때가 되자 궁녀들이 노인을 왕의 침실로 안내했다. 하지만 노인은 머리가 아파 견딜 수가 없었다. 진수성찬조차 맛있게 여겨지지 않았고, 비단으로 장식된 잠자리도 불편하기만 했다.

그날 밤 왕은 연회를 베풀고 왕비로 하여금 노인에게 술을 대접하도록 했다. 노인이 술에 취하자 왕은 노인에게 옛 옷을 입히고 다시 그가 살던 곳으로 데려다놓았다.

이튿날 술에서 깨어난 노인은 두들겨 맞은 듯 뼈마디가 쑤셔왔다. 며칠 후 왕이 행인으로 변장하고 다시 노인을 찾아갔다. 노인은 왕을 보자 손사래를 치며 말했다.

"오늘은 술을 주지 마시오. 지난번 그대가 준 술을 마시고 취하여 꿈을 꾸었는데 내가 왕이 되어 있지 않겠소? 하지만 왕이란 게 할 짓이 못 됩니다. 꿈을 꾸고 나서 이렇게 골치가 아파 죽겠는데, 진짜 왕은 얼마나 괴롭겠소."

• 출전 : 『육도집경』 권8 「찰미왕경」

타인의 처지를 부러워하고, 타인의 지위를 선망하며, 타인의 재산을 갖고 싶은 사람은 불행에서 벗어날 수 없다. 세상에서 가장 행복한 사람은 스스로에게 만족하는 사람이다.

## 세 차례의 경고


 어떤 사람이 살아 있을 때 나쁜 짓을 많이 저질렀다. 그는 죽어서 지옥에 떨어졌다. 지옥에 이르자 염라대왕 앞으로 끌려갔다. 기가 질린 그는 염라대왕을 바라보며 억울함을 하소연했다.

 "제가 무슨 짓을 저질렀기에 이런 지옥에 와 있는 것입니까? 저는 억울합니다."

 염라대왕이 그를 꾸짖으며 말했다.

 "나도 중생들이 지옥에 오기를 바라지 않는다. 그래서 나는 네가 이곳에 오기 전에 이미 세 차례나 저승사자를 보내 간절하게 경고했다. 그런데도 너는 끝내 내 뜻을 저버리고 말았다."

 사내는 어안이 벙벙하여 염라대왕에게 다시 물었다.

 "대왕께서 언제 저에게 경고를 하셨단 말입니까?"

 염라대왕은 안타까운 눈빛으로 사내를 보며 말했다.

 "네가 살아 있는 때에 머리가 희고 이가 빠졌으며, 눈은 어슴푸레 하고, 살가죽은 쭈그러지고, 등이 굽어 지팡이를 짚고 다니는 노인을 보지 못했단 말이냐?"

 "물론 그런 노인이라면 많이 보았지요."

"그들이 바로 내가 보낸 첫 번째 경고였느니라. 너도 결국엔 그렇게 될 줄 몰랐단 말이더냐?"

사내는 한숨을 내쉬면 다시 물었다.

"그럼 두 번째 경고는 언제 보냈단 말입니까?"

"너는 분명 내가 보낸 두 번째 사자를 보았을 것이다."

"보지 못했습니다."

"병 들어 신음하는 자들을 보지 못했다는 말이냐?"

"물론 그런 환자라면 주위에 많이 있지요."

"바로 그들이 너에게 보낸 두 번째 경고였다. 너는 그들을 보고도 너만은 예외가 될 줄 알았더냐?"

사내는 머리털을 쥐어뜯다가 염라대왕에게 물었다.

"그럼 세 번째 사자는 누구였습니까?"

"온몸의 감각이 모두 사라지고 결국엔 무덤에 묻혀 벌레들의 먹이가 되어버린 죽은 자들을 보았느냐?"

"물론 죽은 사람들을 많이 보았지요."

"그들이 바로 내가 보낸 마지막 경고였느니라. 그들을 보고도 너는 끝내 죽을 줄을 몰랐단 말이냐? 아! 사람들은 너처럼 세 번의 사자를 맞이하고도 무심히 지나쳐 버리는구나! 이젠 나도 더 이상 어쩔 수가 없다. 네가 그동안 지은 죄는 모두 네 스스로 받아야 하느니라."

• 출전 : 『불설장아함경』 권19 「세기경」 / 『증일아함경』 권24 「선취품」 / 『경률이상』 권49/ 『출요경』 권11 「행품」 / 『중아함경』 권12 「천사경」

우리는 날마다 경고를 받는다. 태어나, 늙고, 병들어 죽어가는 사람들이 얼마나 많은가? 그것이 인간의 삶이다. 하지만 우리는 그런 경고를 받고도 당장 내 앞의 일이라고 생각하지 않는다. 우리의 조상들이 그래왔듯이 우리도 똑같은 삶의 과정을 겪는다. 살아갈 시간이 많지 않다. 그러니 지금 무엇을 행할 것인지 생각하라.

## 사람의 머리 값은 얼마인가

인도의 아소카 왕은 불교에 귀의한 후 수행자를 볼 때마다 반드시 말에서 내려 그들의 발밑에 절을 하였다. 조정에는 야사라는 대신이 있었는데, 그는 왕이 수행자들에게 경배하는 것을 보고 마음 깊이 불만을 품고 있었다.

어느 날, 그 대신이 왕에게 아뢰었다.

"폐하, 불교에서는 신분과 계급을 가리지 않는다고 합니다. 따라서 승려로 출가한 사람 중에는 천한 신분의 사람들이 많습니다. 가죽을 만드는 사람, 천을 짜는 사람, 기와를 굽는 사람, 이발사, 그리고 가장 비천한 백정들까지 승려가 되고 있습니다. 이렇듯 비천한 사람들에게 폐하께서 경배하시는 것은 옳지 않습니다."

아소카 왕은 야사의 말을 듣고 아무 말도 하지 않았다. 그로부터 며칠이 지난 후 왕은 대신들을 모두 한자리에 모이게 한 다음, 이렇게 말했다.

"그대들은 지금부터 죽은 짐승의 머리를 하나씩 잘라 오도록 하라. 그리고 동물의 머리를 시장에서 팔고 그 돈을 가지고 오라."

왕은 다시 야사 대신을 향해 말했다.

"그대는 죽은 사람의 머리를 구해 그것을 팔아오라."

왕의 명을 받든 대신들은 제각기 시장에 나가 죽은 짐승의 머리를 팔았다. 그러나 유독 죽은 사람의 머리를 팔러 갔던 야사는 끝내 그것을 팔지 못했다. 사람들은 야사가 죽은 사람의 머리를 파는 것을 보고 손가락질을 하며 말했다.

"당신은 사람 백정도 아니고, 무서운 귀신도 아닐 텐데 어째서 죽은 사람의 머리를 팔러 다니는가?"

사람들로부터 욕까지 얻어먹은 야사는 결국 시장에서 도망쳐 왕에게로 향했다. 야사가 빈손으로 돌아오자 왕이 말했다.

"팔지 못했으면 할 수 없지. 아무에게나 주고 오라."

야사는 왕의 명령대로 다시 시장에 나가 외쳤다.

"돈은 받지 않을 테니 누구든 이 머리를 가져갈 사람은 없습니까?"

그는 하루 종일 거리를 돌아다니며 외쳤지만 아무도 거들떠보지 않았다. 오히려 사람들은 야사를 욕하며 비웃었다. 결국 야사는 죽은 사람의 머리를 처분하지 못하고 모욕만 당한 채 왕궁으로 돌아왔다. 그는 얼굴을 붉히며 왕에게 보고했다.

"소나 말, 산돼지나 염소의 머리는 사람들이 다투어 사갔습니다. 하지만 사람의 머리만은 가져가는 사람이 없었습니다."

그 말을 들은 왕이 야사에게 물었다.

"왜 사람들이 사지 않는가?"

야사가 대답했다.

"보는 사람마다 싫어하고 천하게 여겨 사려는 사람이 없었습니다."

왕이 다시 물었다.

"그렇다면 한 사람의 머리만이 아니라 모든 사람들의 머리를 다 싫어할 것이 아닌가?"

"그렇습니다."

"그렇다면 나의 머리도 사람들이 싫어하겠지?"

야사는 이 말을 듣고는 감히 두려워서 대답을 하지 못한 채 잠잠히 서 있었다. 싫어한다고 대답하면 왕을 모욕하는 것이 되고, 싫어하지 않는다고 대답하면 거짓말을 하는 것이기 때문이었다. 왕은 야사의 마음을 알아차리고 그에게 대답하기를 재촉하였다.

"내가 그대를 겁주려고 하는 것이 아니니 사실대로 말해보라. 나의 머리 또한 사람들이 싫어하는가?"

야사가 용기를 내어 대답하였다.

"대왕의 머리 또한 그럴 것입니다."

왕이 야사에게 타일러 말하였다.

"들어보아라. 사람의 머리는 귀하든 천하든 모든 사람들이 혐오하는 것이다. 그런데 그대는 어찌하여 승려의 계급과 출신을 따지는 것이냐? 그대는 귀족으로 태어난 것을 자랑하며 과인이 승려들에게 경배하는 것을 방해하고 있다. 그대의 생각이 그르다고 생각하지 않는가?"

야사는 왕의 말을 듣고 비로소 깨달은 바가 있었다.

"진실로 폐하의 말씀이 옳습니다. 신이 어리석어 미처 생각하지 못했습니다."

• 출전 : 『구잡비유경』 下 · 49/ 『대장엄론경』 권3 · 16/ 『경률이상』 권27

당신의 머리 값은 얼마인가.

아무리 많은 재산을 가지고 귀한 신분을 누렸다 해도 결국 당신이 가야 할 곳은 한 평의 작은 무덤이거나 화장터뿐이다. 만일 그 이상의 가치를 가졌다고 생각한다면, 죽은 뒤에 자신의 머리를 황금상자에 담아두어라. 아마 도둑은 황금상자만 훔쳐갈 것이다.

# 한 방울의 꿀

 어떤 사람이 사소한 죄를 저지르고 감옥에 갇혔다. 하지만 그는 억울한 누명까지 덮어쓰고 마침내는 사형수가 되고 말았다. 죽음이 두려웠던 그는 온갖 지혜를 동원하여 감옥에서 탈출했다.

 당시 인도에서는 사형수가 탈옥하면 미친 코끼리를 풀어 추적해 발로 밟아 죽이도록 했었다. 그가 탈출하자 곧 미친 코끼리가 그의 뒤를 쫓았다.

 마침내 들판에 이르렀을 때 그는 미친 코끼리와 마주쳤다. 코끼리를 피하기 위해 사방을 둘러보니 마침 깊은 우물 하나가 보였다. 그는 얼른 우물 속으로 뛰어들었다.

 우물 속으로 내려가다가 문득 발밑을 내려다보니 거기에는 커다란 악어가 입을 벌린 채 자신을 노려보고 있었다. 그는 기가 질려 빠져나갈 곳이 없는지 살펴보았다. 하지만 우물의 작은 돌 틈에는 네 마리의 독사가 똬리를 틀고 독을 내뿜고 있었다.

 그는 절망했다. 우물을 벗어나자니 미친 코끼리에게 밟혀 죽을 것이고, 내려가자니 흉악한 악어가 기다리고 있었다. 또 그대로 있자니 사방에서 네 마리의 독사가

다가오고 있었다.

　그는 무심결에 우물 끝에 드리워진 나무뿌리를 움켜잡았다. 나무뿌리를 잡고 있으면 당분간은 버틸 수 있을 것 같았다. 하지만 자세히 살펴보니 자신이 잡고 있는 나무뿌리를 두 마리의 쥐가 열심히 갉아먹고 있었다.

　정말 소름 끼치는 일이었다. 일단 미친 코끼리는 피한 셈이지만 쥐가 나무뿌리를 다 갉아 먹으면 그는 물속으로 떨어져 악어의 밥이 될 것이 뻔했다. 그는 진땀을 흘리며 하늘을 우러렀다. 위를 바라보니 우물 옆에 커다란 나무가 서 있었고, 무성한 나뭇가지가 푸른 하늘을 덮고 있었다.

　그때 한 방울의 꿀이 그의 입술에 떨어졌다. 나뭇가지에 있던 벌집에서 하루에 한 방울씩 꿀이 고여 밑으로 떨어지고 있었던 것이다. 그는 입을 벌리고 벌집에서 떨어진 한 방울의 꿀을 핥아먹었다.

　그가 꿀을 핥느라 몸을 버둥거리자 우물을 덮고 있던 나무가 흔들렸다. 때마침 거센 바람이 불어 들불이 일어났다. 들불은 삽시간에 초원을 태우고, 마침내는 우물 옆에 서 있는 나무마저 태우고 있었다. 그런데도 그는 여전히 하늘을 향해 입을 벌린 채, 한 방울의 꿀이 떨어지기를 기다렸다.

• 출전: 『중경찬잡비유경』 上·8/ 『불설비유경』 권7/ 『경률이상』 권44

죽음의 그림자는 피할 수 없다. 죽음은 날마다 우리를 찾아와 살아온 만큼의 시간을 빼앗아간다. 결국 우리는 살아온 날만큼 매일 죽어가고 있는 것이다.

우리에게 남은 시간은 많지 않다. 그럼에도 불구하고 사람들은 하루 한 방울씩 떨어지는 달콤한 꿀에 마음이 팔려, 시시각각 죽음이 다가오는 것을 잊고 있다. 혀끝에 닿는 한 방울의 꿀에 취하듯, 이 세상의 환락에 집착하여 삶의 무상함을 깨닫지 못하는 것이다.

## 한바탕 고된 꿈

　어떤 사람이 잠을 자다가 꿈속에서 큰 강물을 만났다. 그가 강을 건너기 시작하자 거센 물결이 그의 몸을 휘감았다. 몸이 떠내려가자 그는 손과 발을 부지런히 움직여 물결을 가로질렀다.

　이윽고 강물을 벗어나 언덕에 이르자 그는 완전히 탈진상태가 되어버렸다. 손발은 모두 까지고, 몸에서는 피까지 흘러내렸다. 그는 너무나 피곤하고 힘든 나머지 언덕에 누워버렸다. 완전히 녹초가 되어 누워있는데, 갑자기 눈앞이 캄캄해졌다.

　잠에서 깨어나는 바람에 꿈이 끝난 것이다. 꿈에서 깨어난 그는 안도의 한숨을 내쉬며 재빨리 주위를 둘러보았다. 하지만 거센 강물은 보이지 않고 자신은 이부자리에 편안히 누워 있었다.

　그는 한숨을 토해내며 중얼거렸다.

　"무슨 강이 있어 그리도 힘들게 건너려 했던가?"

• 출전 : 『금광명최승왕경』 권2 「분별삼신품」 / 『대지도론』 권10·15

결국 인생이란 한바탕 꿈이 아닌가. 아등바등 욕망을 좇다가 결국엔 한 평도 되지 않는 땅속으로 돌아간다. 인생이 꿈인 줄 알면, 빨리 깨어나야 한다. 거친 세속의 강물을 거슬러 오르려고 애쓸 이유가 없는 것이다.

# 항아리 속의 구슬


옛날 어떤 도시에 큰 부자가 있었다. 그는 온갖 보물을 두루 갖추고 있었지만, 오직 빨간 진주만은 구할 수가 없었다. 이미 큰 부자였지만 그는 빨간 진주가 없다는 것 때문에 늘 불만스러웠다.

어느 날 그는 빨간 진주를 구하기 위해 여러 사람들을 거느리고 바다로 향했다. 그는 풍랑과 파도를 헤치며 바다를 항해하다가 비로소 진주가 많이 나는 곳에 이르렀다. 그는 빨간 진주를 얻기 위해 먼저 자신의 몸을 칼로 찔러 피를 뽑았다. 그런 다음 피를 기름주머니에 싸서 바다 밑 바위에 매달아두었다.

진주조개들이 그 냄새를 맡고 다가와 피를 먹기 시작했다. 이윽고 3년이 지나서야 진주조개는 진주를 생산할 만큼 자랐다. 부자는 바다 밑으로 들어가 진주조개를 캐낸 다음 껍질을 쪼갰다. 그는 수없이 많은 조개를 캔 뒤에야 비로소 빨간 진주 하나를 얻을 수 있었다.

하지만 함께 동행했던 친구 하나가 빨간 진주를 탐내기 시작했다. 호시탐탐 진주를 빼앗을 기회를 엿보던 친구는 부자를 우물로 유인했다. 그가 막 물을 긷기 시작하자 친구는 대뜸 우물 속으로 그를 밀어 넣었다. 그러고는 부자가 숨겨두었던 진주를 훔친 후 우물을 커다란 바위로 덮어놓고 도망쳤다.

부자는 우물 속에 갇혀 오도 가도 못 하는 지경에 처했다. 그가 거의 죽을 위기에 처해 있을 때 문득 사자 한 마리가 나타났다. 사자가 물을 먹는 것을 살펴보니 우물로 통하는 다른 구멍이 있었다. 처음엔 사자를 보고 절망에 빠졌으나 그는 사자가 떠난 뒤 구멍을 찾아내어 가까스로 집으로 돌아올 수 있었다.

집으로 돌아오자 그는 자신을 우물 속에 밀어 넣었던 친구를 찾아가 말했다.

"너는 내가 얻은 빨간 진주를 훔쳤을 뿐만 아니라 내 목숨까지 해치려 하였다. 만일 빨간 진주만 돌려준다면 친구의 의리를 생각해서 너를 고발하지 않겠다."

친구는 어쩔 수 없이 진주를 돌려주었다. 부자는 진주를 가지고 집으로 돌아왔다.

어느 날, 어린 두 아들이 구슬을 가지고 놀면서 이렇게 말했다.

"네가 가진 구슬은 어디서 났지?"

"우리 집에 이런 구슬은 너무 많아. 이건 구슬주머니 속에서 꺼냈어. 그런데 그 빨간 구슬은 어디서 난 거야?"

"우리 집 항아리 속에서 나온 거야."

부자는 두 아들이 구슬을 던지며 노는 모습을 보다가 가만히 웃음을 터뜨렸다. 그 모습을 본 아내가 물었다.
"왜 웃으십니까?"
그러자 그는 한숨을 내쉬며 이렇게 말했다.
"나는 저 진주를 얻기 위해 목숨까지 잃을 뻔했소. 그런데 우리 아이들은 빨간 구슬이 항아리 속에서 나왔다고 하는구려."

• 출전 : 『중경찬잡비유경』 下·27/ 『경률이상』 권19

지금 우리가 편안하게 누리고 있는 것은 너무나 많다. 하지만 아무리 사소한 것일지라도 그것을 누리게 되기까지에는 수많은 이들의 피와 땀과 눈물이 있었다.
쉽게 얻어진 것은 아무것도 없다. 인생은 고(苦)다! 이 말을 얻기까지 부처는 헤아릴 수 없는 세월 동안 윤회하고 수행하며 공부했다. 그저 쉽게 얻었다고 말하는 것은 마치 어린아이들이 값진 보물이 집에 있는 항아리 속에서 나왔다고 말하는 것과 같다.
지금 누리는 것, 혹은 가진 것이 무엇이든, 그것은 그냥 얻어진 것이 아니다.

# 새가 없는 나라

새가 없는 나라가 있었다. 이 소식을 들은 상인 한 사람이 까마귀를 가지고 그 나라로 들어가 시장에 내놓았다. 까마귀를 처음 본 사람들은 신기해하며 말했다.

"저렇게 예쁜 동물은 처음이야. 저기 좀 봐. 하늘을 날 수 있는 날개도 있어. 그리고 눈은 마치 보석같이 반짝이는군."

사람들이 모여들어 칭찬을 해주자 까마귀는 기분이 좋아져 울음소리를 냈다.

"저 동물은 노래까지 할 줄 아는군."

사람들은 까마귀 소리를 듣고 다투어 그것을 사고 싶어 했다. 마침내 상인과의 흥정 끝에 부자 한 사람이 비싼 가격에 까마귀를 샀다.

부자는 까마귀를 황금새장에 넣어두고 맛있는 고기와 과일을 먹여 길렀다. 까마귀는 더욱 우쭐해졌다.

그러던 어느 날, 길들인 공작을 가진 상인이 그 나라를 찾았다. 길들인 공작은 상인이 손가락을 통기자 울음소리를 내고, 손뼉소리에 맞춰 춤도 추었다. 더구나 커다란 날개를 펼치자 색색의 아름다운 빛이 펼쳐졌다.

예전에 까마귀를 샀던 부자가 다시 시장에 나타나 가격을 흥정했다.

"이 새는 얼마에 팔겠소?"

마침내 부자는 까마귀의 열 배의 값을 주고 공작을 샀다. 집으로 돌아온 부자는 황금새장에 있던 까마귀를 꺼내고 그 자리에 공작을 넣었다. 이제 아무도 까마귀를 아는 체하지 않았다. 결국 먹이를 얻어먹지 못하게 된 까마귀는 쓰레기통에서 음식찌꺼기를 뒤지며 살게 되었다.

• 출전 : 『본생경』 339/ 『경률이상』 권39/ 『생경』 권5 「불설공작경」

한낮의 햇빛을 보지 못한 사람은 오직 촛불이 밝다고 여기지만, 햇빛 아래 놓은 촛불은 전혀 빛을 발하지 못한다.

지금 누리고 있는 지위가 영원할 것이라는 생각은 착각이다. 사자가 없는 숲에서는 여우가 왕 노릇을 하지만, 다시 사자가 나타나면 여우는 미련 없이 그 자리를 내놓아야 한다. 권불십년(權不十年), 화무십일홍(花無十日紅). 권세는 10년을 넘지 못하고, 붉은 꽃은 열흘을 넘기지 못하며, 달도 차면 기울게 마련이다.

## 사랑은 움직이는 거야

옛날, 어느 나라의 왕이 앵무새 두 마리를 기르고 있었다. 두 마리 모두 사람의 말을 잘 알아듣고, 말도 곧잘 따라했으므로 왕은 금으로 만든 새장에 앵무새를 넣어 길렀다. 뿐만 아니라 식사 때가 되면 자신의 식탁에 앵무새의 먹이를 차려놓고 함께 먹었다.

그러던 어느 날, 대신 하나가 귀여운 원숭이 한 마리를 왕에게 선물했다. 원숭이 역시 재주를 부리며 왕을 즐겁게 했다. 이제 왕의 사랑은 앵무새에서 원숭이에게로 옮겨졌다.

왕은 앵무새를 새장에 넣어둔 채 돌보지 않았고, 점차 원숭이 새끼만 귀여워했다. 그러자 앵무새 한 마리가 자신의 신세를 한탄하며 말했다.

"우리는 임금님이 손수 주시던 먹이를 먹었는데, 저 원숭이 때문에 임금님의 사랑을 잃어버렸구나!"

다른 앵무새가 말했다.

"이 세상의 모든 것은 변하게 마련이야. 결국엔 저 원숭이도 우리처럼 버려지는 신세가 될 거야."

이윽고 세월이 흐르자 원숭이는 점점 늙어갔다. 아름

답고 윤기 흐르던 털은 조금씩 빠지고, 몸도 점점 쇠약해져 결국엔 움직일 수 없게 되었다. 원숭이의 모습이 흉악해지자 왕은 더 이상 원숭이를 귀여워하지 않았다. 그런데도 원숭이가 자꾸만 달려들자 왕은 신하들에게 명했다.

"저놈의 원숭이를 마구간에 매어두거라."

원숭이는 결국 냄새나는 마구간으로 옮겨졌다. 그때 나이 어린 왕자가 먹을 것을 들고 마구간을 찾아갔다. 원숭이는 먹을 것을 얻기 위해 손을 내밀었으나 왕자는 줄 듯 말 듯 놀리기만 할 뿐, 먹이를 주지 않았다. 그러자 원숭이는 왕자의 얼굴을 할퀴고, 옷을 찢어버렸다.

어린 왕자는 너무 겁이 난 나머지 울음을 터뜨렸다. 왕이 그 모습을 보고 이유를 묻자 시종이 달려와 말했다.

"마구간에 있는 원숭이가 그런 것입니다."

화가 난 왕이 시종에게 소리쳤다.

"그놈의 원숭이를 때려죽여 연못에 던져버리거라."

• 출전 : 『본생경』 329

영원한 사랑은 없다. 사랑의 대상은 끊임없이 바뀌기 때문이다. 영원한 것이 있다면 그것은 사랑하고픈 욕망, 사랑받고 싶은 욕망, 그 자체이다. 사랑이 괴로운 것은 바로 이 때문이다. 사랑할 대상이 없으면 사랑이 오지 않음을 근심하고, 사랑할 대상이 있으면 사랑을 소유하지 못해 근심하며, 사랑을 소유했다면 언젠가 잃어버릴 것을 근심한다.

그러므로 사랑받지 못함을 근심하지 말라. 그저 주기만 하면 되는 것이다.

# 몸 안에 담긴 진실

아내를 지독히 사랑하는 사내가 있었다. 그는 늘 아내의 아름다운 몸만을 생각했기 때문에, 깨어 있을 때는 아내와 잠자리를 함께 했고, 잠을 잘 때에도 꿈속에서 아내의 손을 꼭 잡은 채 놓지 않았다.

어느 날, 그는 부처님을 뵙고 사람의 몸이란 오물로 가득 찬 가죽부대에 불과하며, 번뇌의 주머니라는 것을 깨달았다. 그리하여 그는 아내에 대한 애욕을 버리고 출가하였다. 그는 가사를 입고 마을을 돌아다니며 걸식하다가 마침내 자신의 옛집에 이르렀다.

아내가 문을 열어보니 남편이 머리를 깎고 걸식을 하고 있었다. 깜짝 놀란 아내가 남편에게 물었다.

"어떻게 당신 같은 사람이 욕망을 버리고 출가하셨습니까? 저에 대한 사랑이 식어버린 것입니까?"

남편이 대답했다.

"나는 이제 사람을 볼 수 있는 눈을 가졌소. 그래서 당신을 떠나고자 하는 것이오."

"대체 나에게 무슨 허물이 있다는 말씀입니까? 나는 한결같이 정결하였고, 여자로서 예의를 범한 적이 없습니다."

억울한 생각이 든 아내는 곧 친척들을 집으로 불러들여 하소연했다.

"저는 지금 남편에게 소박 당했습니다. 그 이유를 분명히 밝히지 않는다면 남편을 보낼 수 없습니다."

그 말을 들은 남편은 잠시 숙소로 돌아가 아름다운 무늬가 그려진 고운 병에 구린내 나는 똥을 담아 가지고 왔다. 그러고는 병의 뚜껑을 단단히 닫고, 그 옆에 향을 피웠다.

남편은 친척들 앞에 나아가 아내를 향해 말했다.

"보낼 수 없을 만큼 나를 사랑한다면, 내 몸을 사랑하듯 이 병을 보듬으시오."

아내는 남편의 말대로 병을 안고 놓으려 하지 않았다. 그러자 남편은 아내가 품고 있는 병을 깨뜨려버렸다. 그러자 구린내가 방안에 퍼지고, 병 안에서는 구더기가 기어 나왔다. 남편이 다시 아내에게 말했다.

"이 병을 다시 보듬을 수 있겠소?"

아내는 절레절레 고개를 흔들며 뒤로 물러섰다. 남편이 얼굴 가득 미소를 띠고 아내에게 말했다.

"내가 사람을 보는 눈이 생겼다는 것은 바로 이 병을 두고 한 말이오. 사람의 몸은 똥이 담긴 이 병보다 더 더럽고, 뼈와 내장과 피고름이 엉겨 붙어 있는 것이오. 그러니 당신이 나를 탐낼 만한 이유가 어디 있겠소?"

• 출전 : 『출요경』 권17 「유념품」 / 『경률이상』 권20

기껏 인간의 몸이란 오장육부를 담기 위해 세워져 있는 뼈대에 불과한 것이 아닌가. 그런데도 우리는 오물로 가득 차 있는 가죽에 정신을 빼앗기고, 그것의 겉모습을 사랑한다. 아름다움이란 몸에 있는 것이 아니라 그의 내면에 있다.

# 뒤로 물러서야 할 때

엄청난 오해 | 그냥 기다리지 | 붕어빵에 단팥이 없으면 | 느닷없는 행운이 찾아올 때 | 뒤로 물러서야 할 때 | 말라버린 소젖 | 3층집 짓기 | 거저 어른이 되려면 | 작은 것을 얻으려다 큰 것을 잃다 | 나무에 물주기 | 어리석은 농부 | 볶은 씨앗을 심다 | 손해나는 장사 | 후회하기엔 너무 늦었다

## 엄청난 오해

한 쌍의 비둘기가 힘을 모아 따뜻한 둥지를 만들었다. 이윽고 가을이 되자 한 쌍의 비둘기는 맛있는 열매를 물어다가 둥지 안에 쌓기 시작했다.

며칠이 지난 후, 둥지 안의 열매를 살펴보던 수컷 비둘기는 깜짝 놀라고 말았다. 열매의 부피가 반으로 줄어 있었던 것이다. 수컷은 암컷을 노려보며 말했다.

"이런 배신자! 나 몰래 열매를 훔쳐 먹다니."

수컷의 의심을 받은 암컷은 억울하다는 표정으로 말했다.

"내가 먹은 것이 아니에요. 열매는 시간이 지나면 말라버립니다. 그래서 반으로 줄어들었을 뿐이에요."

암컷은 애써 변명했지만 수컷 비둘기는 그 말을 믿으려 하지 않았다.

"네가 먹지 않았으면 열매가 줄어들 리가 있나?"

화가 난 수컷은 결국 날카로운 부리로 암컷을 쪼아 죽여버리고 말았다. 그로부터 며칠이 지나 숲에 소나기가 내렸다. 그러자 둥지 안에 쌓여있던 열매가 물에 젖어 부피가 불어나 옛날처럼 둥지에 가득 차게 되었다. 수컷은 그제야 잘못을 뉘우치며 외쳤다.

"아아, 너는 어디로 갔느냐!"

• 출전 : 『백유경』 95/ 『근본설일체유부비나야잡사』 권24

어떤 일을 행하기 전에 1분만 더 생각하라. 1분의 생각이 자신의 운명을 바꾸어놓는다.

## 그냥 기다리지

 아내가 죽은 뒤 젊은 여자와 재혼한 사내가 있었다. 그에게는 전처소생의 아들이 하나 있었는데, 얼마 후 재혼한 아내도 임신을 했다. 그러나 사내는 곧 병이 들어 재혼한 아내와 전처소생의 아들을 남겨둔 채 세상을 떠나고 말았다.

 아버지가 죽자 아들은 새어머니에게 말했다.

 "아버지가 돌아가셨으니 아버지의 재산은 모두 저의 것입니다. 당신에게 나눠줄 몫은 하나도 없습니다."

 아들의 말을 들은 새어머니는 화를 내며 따졌다.

 "나는 지금 아이를 배고 있다. 만약 뱃속의 아이가 사내아이라면 아버지의 유산을 받을 권리가 있다. 그러니 뱃속의 아이가 사내인지 계집애인지 안 다음에 재산을 나눠야 할 것이다."

 하지만 아들은 새어머니의 요구를 냉정하게 거절했다.

 "지금 유산을 분배해야 합니다. 아직 아이가 뱃속에 있으니 아들인지 딸인지 어떻게 알겠습니까?"

 새어머니는 여러 번 애원해보았지만 아들은 막무가내였다. 그녀는 분하고 억울하여 땅을 치며 통곡했다.

"분명 뱃속의 아이는 아들일 것이다. 너 혼자서 재산을 독차지하는 것은 참을 수 없다."

새어머니는 곧 방으로 들어가 칼로 자신의 배를 갈랐다. 그러고는 아들에게 말했다.

"보거라. 아들이지 않느냐?"

배를 가른 새어머니는 곧 숨을 거두었다. 뱃속에 있던 아이 역시 세상의 빛을 보지 못한 채 그대로 죽고 말았다.

• 출전 : 『중아함경』 권16 「비사경」 / 『불성장아함경』 권7 「폐숙경」

진실을 증명해 보이기는 어렵다. 그러나 진실이 숨겨지더라도 조급해 할 필요는 없다. 진실은 언젠가 밝혀지기 때문이다. 화를 다스린 후, 다만 기다려라. 조급한 자에게 돌부리는 먼저 달려오고, 결과는 더디게 온다.

## 붕어빵에 단팥이 없으면


 옛날 어떤 사람이 깊은 산 속에 들어가 오랜 세월 도를 닦았다. 피땀 어린 수행 끝에 그는 마침내 다섯 가지 신통력을 얻었는데, 그중에서도 천리 밖을 볼 수 있고 땅속에 묻힌 보물까지 환하게 꿰뚫어 볼 수 있는 천안통(天眼通)의 능력이 뛰어났다.

 그 나라의 왕이 이 소문을 듣고 매우 기뻐하여 대신에게 말했다.

 "어떻게 하면 저 도인이 다른 나라로 가지 않고 이 나라에 머물도록 할 수 있는가? 만일 저 도인이 내 나라에 머물면서 나를 도와준다면 나라의 창고에 수많은 보물이 쌓이지 않겠는가?"

 그 대신은 몹시 어리석었으나 왕에 대한 아첨만은 따를 사람이 없었다.

 "제가 해보겠습니다."

 대신은 궁리 끝에 도인이 있는 곳으로 찾아가 몰래 그의 두 눈을 뽑아왔다. 대신은 곧바로 왕을 찾아뵙고 아뢰었다.

 "제가 천신만고 끝에 도인의 두 눈을 뽑아왔습니다.

땅속을 훤히 꿰뚫어볼 수 있는 눈알이 제 손에 있으니 그는 이곳에 머물고 있는 것이나 마찬가지입니다."

왕은 한숨을 내쉬며 그 대신에게 말했다.

"그 도인을 머물게 하려는 까닭은 땅속에 묻혀 있는 보물을 찾으려는 것인데, 네가 지금 그의 눈을 뽑았으니 어떻게 땅속을 볼 수 있겠는가?"

• 출전 : 『백유경』 36

쓸모 있는 것을 얻기 위해서는 그것이 어디에 쓰일 것인지를 생각해야 한다. 사람들이 붕어빵을 찾는 것은 붕어를 먹기 위해서가 아니라 빵을 먹기 위해서다. 하지만 단팥이 들어 있지 않으면 그 가치는 떨어지고 만다. 그러므로 붕어빵에 있어야 할 것은 붕어가 아니라 단팥이다.

## 느닷없는 행운이 찾아올 때

어느 나라의 왕이 백성들을 위하여 큰 잔치를 베풀었다. 그런데 병이 들어 몸조차 제대로 가눌 수 없는 노인이 있었다. 집안 식구들은 그를 잔치에 데리고 가기 위해 서로 부축하며 집을 나섰지만, 노인은 도무지 걸음을 떼지 못했다. 이윽고 길가의 커다란 나무 밑에 도착하자 노인은 식구들을 향해 말했다

"나는 더 이상 걸을 수가 없으니 너희들이나 맛있는 음식을 먹고 오너라."

노인은 나무 그늘 밑에 앉아 식구들이 돌아올 때까지 쉬고 있기로 했다. 마침 나무 밑을 지나가던 한 도인이 노인의 모습을 보고는 무척 측은한 생각이 들었다. 도인은 가던 걸음을 멈추고 노인 앞으로 다가가 말했다.

"안됐구려. 나를 따라오면 노인의 병을 고쳐드리겠소."

노인은 선뜻 도인을 따라나섰다. 한참을 가자 언덕 위에 커다란 궁전이 보였다. 노인이 궁전 안으로 들어서자 그동안 앓고 있던 병이 순식간에 나아버렸다. 궁전 안으로 더 들어가자 온갖 보석이 가득했고, 벽마다 보배로운 물건들로 장식되어 있었다.

'저런 물건을 하나만 가질 수 있었으면.'

노인은 궁전 안의 물건들을 보자 문득 욕심이 생겼다. 노인은 보물들을 한참동안 살펴보다가 탁자 위에 놓인 아름다운 유리병 하나를 발견했다. 그는 그것을 갖고 싶은 욕심이 생겨 도인에게 말했다.

"이곳은 천국인 것 같습니다. 이곳에 오자마자 내 병도 씻은 듯이 나았으니까요. 하지만 식구들은 내가 천국에 갔다 왔다는 말을 믿지 않을 것입니다. 그러니 저 아름다운 유리병을 내게 기념품으로 주실 수 없겠습니까?"

도인은 노인의 소원대로 그 유리병을 내어주며 말했다.

"이 유리병은 신비한 능력을 가졌습니다. 무엇이든 당신이 갖고 싶은 것을 말하면 쏟아져 나오지요. 그러니 가져가거든 소중히 다루십시오."

노인은 유리병을 받아 황급히 집으로 돌아왔다. 그는 집안 식구들을 모두 한자리에 모아 놓고 제각기 원하는 것을 말하도록 하였다. 식구들이 원하는 것을 말하자 진기한 보물들이 계속 쏟아져 나오기 시작했다.

노인은 너무나 기쁜 나머지 자식들에게 말했다.

"이제 부자가 되는 것은 시간문제다. 어서 친척들을 모두 불러 모아라. 큰 잔치를 베풀겠다."

그 소식을 들은 친척들이 모두 노인의 집으로 모여들었다. 술기운이 돌아 잔치가 절정에 이르자 노인은 너무나 기쁘고 흥겨운 나머지 그 유리병을 들고 미친 듯이 춤을 추기 시작했다.

"이 유리병 때문에 부자가 되었다. 네 덕택에 부자가 되었다."

노인은 흥겹게 노래를 불렀다. 그 순간 노인은 발을 헛디디는 바람에 손에 들고 있던 유리병을 땅에 떨어뜨리고 말았다. 바닥에 떨어진 유리병은 산산조각으로 부셔졌다.

노인은 한탄의 눈물을 흘리며 깨진 유리조각을 주워 잇대어 붙이기 시작했다. 하지만 깨진 유리병은 더 이상 본래의 모습으로 돌아오지 않았다.

• 출전 : 『생경』 권5 「불설비유경」

만족하지 못하는 사람은 늘 불행하다.

한 번쯤의 행운은 누구에게나 찾아온다. 하지만 자신에게 찾아온 행운은 누군가로부터 잠시 빌려온 것이다. 따라서 우리는 행운을 잠시 보관했다가 언젠가는 누군가에게 돌려주어야 한다. 그 행운을 영원히 간직하려다가 영영 잃을 수가 있다.

# 뒤로 물러서야 할 때

어느 마을에 부자 한 사람이 살고 있었다. 어느 날, 그는 사위를 불러 말했다.

"여보게, 자네가 수레를 가지고 산으로 가서 땔감 좀 베어오게."

장인의 부탁을 받은 사위는 소가 끄는 수레를 타고 산으로 향했다. 그는 산 아래에 소를 매어두고 열심히 나무를 베었다. 그런데 한참 시간이 지나 산 아래쪽을 바라보니 매어두었던 소가 감쪽같이 없어지고 말았다.

"이거 큰일 났군!"

사위는 부지런히 소를 찾아 헤맸지만, 아무리 찾아도 보이지 않았다. 그렇게 한참동안 산을 헤매다가 돌아와 보니, 이번에는 수레가 온데간데없었다.

"야단났군! 장인한테 꾸중을 듣겠어."

사위는 정신없이 소와 수레를 찾아 헤맸다. 그러다가 큰 연못가에 다다랐다. 연못 근처에는 갖가지 새들이 물고기를 잡으며 놀고 있었다.

"소와 수레를 잃어버렸으니 저 새라도 잡아야겠다. 그러면 꾸중이 덜하겠지."

사위는 소와 수레에 대한 생각은 까마득히 잊어버리고 새를 잡는 데 열중했다. 그는 새를 향해 손에 들고 있던 도끼를 힘껏 던졌다. 그러나 도끼는 새를 맞추지 못하고 연못 속으로 풍덩 가라앉고 말았다.

"이크! 도끼까지 잃어버렸으니 큰일이군."

그는 도끼를 찾기 위해 옷을 벗어 던지고 물속으로 뛰어들었다. 하지만 도저히 찾아 낼 수가 없었다. 그는 포기하고 연못 밖으로 나왔다. 그런데 밖으로 나오니 벗어 두었던 옷이 보이지 않았다.

"이거 정말 큰일 났군. 옷까지 잃어버렸으니!"

그는 울상이 되어 벌거벗은 몸으로 터덜터덜 집으로 돌아왔다. 집에 도착했을 때는 이미 늦은 밤이었다. 그는 너무나 창피하고 부끄러워 차마 집에 들어갈 수 없었다. 그래서 몰래 담을 넘은 후 창문 밑에 숨어 집안의 동정을 살폈다.

그때 집안 식구들이 창문에 어른거리는 그림자를 발견하고 큰 소리로 외쳤다.

"도둑이야!"

그러자 집안사람들은 물론 동네 사람들까지 몽둥이를 들고 들이닥쳤다. 그는 변명 한마디 하지 못한 채 봉변을 당했다. 마을 사람들은 도둑이 몽둥이에 맞아 널브러지자 길거리에 내다버렸다. 이미 그는 한쪽 눈이 터지고 머리에는 유혈이 낭자했다. 그리고 피 냄새를 맡은 벌레들이 나무에서 기어 나와 그의 한쪽 눈을 파먹기 시작했다.

• 출전 : 『복개정행소집경』 권10

대개 도박꾼들은 이미 잃은 것에 대한 미련 때문에 중독에 빠진다. 실패를 인정하라. 그리고 하나를 잃었을 때 뒤로 물러서라.

## 말라버린 소젖

옛날 어떤 마을에 어리석은 농부가 있었다. 그는 너무나 가난하여 가진 것이라곤 암소 한 마리밖에 없었다. 그는 날마다 한 말의 소젖을 짜내 그것을 팔아 생계를 유지했다.

어느 날, 그는 사람들에게 보시를 하면 복이 생긴다는 말을 듣고 손님들을 집안에 초대하여 소젖을 대접하기로 했다. 여러 손님들을 초대하려면 많은 양의 소젖이 필요했다. 하지만 날마다 소젖을 짜서 모아놓는 것은 여간 귀찮은 일이 아니었다. 더구나 젖을 짤 소가 한 마리밖에 없었으므로 그 젖을 모아놓으면 금세 상할 것이 분명했다.

그래서 그는 한 가지 꾀를 생각해 냈다.

'만약 날마다 소젖을 짜두면 소젖은 점점 많아져 마침내 저장해둘 곳이 없게 될 것이다. 또한 맛도 변해서 나중에는 소젖을 대접하지 못하게 될 것이다. 그러니 날마다 소젖을 짜지 않고 소 뱃속에 모아 두었다가 잔치가 있을 때쯤에 한꺼번에 짜는 것이 낫겠다.'

그는 새끼가 젖을 빨지 못하도록 어미 소와 따로 매어

두고 소젖을 짜내지 않았다.

이윽고 한 달이 지난 후, 그는 잔칫상을 마련하고 많은 손님들을 초대했다. 그는 이때다 싶어 소가 있는 곳으로 향했다. 그는 한 달 동안 뱃속에 쌓아두었던 소젖을 짜기 위해 힘을 썼지만 젖은 끝내 나오지 않았다. 소의 젖이 이미 말라버렸기 때문이었다.

• 출전 : 『백유경』 2/ 『중경찬잡비유경』 上·6

남에게 베풀 때는 지금 가지고 있는 것만으로도 충분하다. 훗날을 기약하는 베풂이란 단지 핑계일 뿐이다. 선행은 한 번에 끝나는 것이 아니라 날마다 조금씩 쌓아가는 것이다.

# 3층집 짓기


 옛날 어떤 마을에 미련한 부자가 있었다. 그는 너무 어리석어 아무것도 아는 것이 없었다. 어느 날, 그는 다른 부잣집에 놀러 갔다가 높고 화려한 3층 누각이 서 있는 것을 보았다.

 그는 웅장한 모습의 3층 누각을 부러워하다가 집으로 돌아와 생각했다.

 "나는 저 사람보다 돈과 재물이 많은데, 왜 지금까지 그런 누각을 짓지 않았을까?"

 이런 생각이 들자 그는 곧 목수를 불러 물었다.

 "저 집처럼 아름다운 3층 누각을 지을 수 있겠는가?"

 목수가 대답했다.

 "물론입니다. 사실은 저 집의 3층 누각도 제가 지은 것입니다."

 목수의 말을 들은 부자는 매우 기뻐하며 말했다.

 "그럼 지금부터 내 집에도 저런 누각을 지어라."

 이에 목수는 곧 땅을 재고 벽돌을 쌓아 누각을 짓기 시작했다. 그러나 의심이 많은 부자는 벽돌을 쌓아 집을 짓는 것을 보고도 마음이 불안하기만 했다.

어느 날, 그는 목수에게 다가가 물었다.

"자네는 어떤 집을 지으려고 하는가?"

"물론 3층 누각을 지으려 합니다."

그러자 부자는 갑자기 혀를 차며 목수에게 말했다.

"그러니까 내가 자네를 믿을 수 없는 게야. 나는 아래 두 층은 필요 없네. 그러니 맨 위층부터 짓게."

목수가 웃으며 대답하였다.

"아래층을 짓지 않고 어떻게 위층을 지을 수 있겠습니까?"

• 출전 : 『백유경』 10

하나의 열매를 얻기 위해서는 밭을 갈고, 씨앗을 뿌리고, 부지런히 잡초를 제거하고, 거름을 주어야 한다. 밭을 갈지 않고 열매를 구하는 것은 우물에 와서 숭늉을 찾는 것과 같다.

결과에는 반드시 과정이 따른다. 과정을 생략한 채 값진 결과만을 얻으려는 것은 수행을 하지 않고 깨달음을 얻으려는 것과 같다.

## 거저 어른이 되려면

 옛날 어떤 나라의 왕이 예쁜 딸 하나를 낳았다. 그러나 왕은 너무 나이가 많았기 때문에 하루라도 빨리 공주가 어른으로 자라기를 소망했다. 왕은 근심 끝에 의사를 불러 말했다.

 "공주에게 어른이 되는 약을 먹여 빨리 자라게 하라."

 왕의 명령을 받은 의사는 고민에 빠졌다. 빨리 어른이 되게 하는 약은 이 세상 어디에도 없었기 때문이었다. 의사는 갖가지 방법을 궁리하던 끝에 왕을 찾아뵙고 이렇게 말했다.

 "공주가 빨리 자라게 할 수 있는 약이 있습니다. 하지만 그 약은 매우 귀하고 만들기도 어렵기 때문에 지금 당장은 구할 방법이 없습니다."

 "그럼 어떻게 해야 하느냐?"

 "먼저 처방을 알려드리겠습니다. 우선 폐하께서는 약을 구할 때까지 공주를 만나서는 안 됩니다. 만일 약을 쓰기 전에 공주를 보면 약효가 없어지고 맙니다."

 귀여운 공주를 보지 못한다는 말에 왕은 무척 실망했다. 하지만 공주를 빨리 자라게 하기 위해서는 의사의 처방에 따를 수밖에 없었다.

의사는 왕이 공주를 보지 못하도록 따로 살게 한 후, 그 나라를 떠나 먼 나라로 향했다. 그러고는 12년이 지난 뒤 약을 구하여 고국으로 돌아왔다. 의사는 약을 공주에게 먹게 한 뒤 왕에게 데리고 갔다.

어느 덧 공주는 열 두 살의 아름다운 처녀로 자라 있었다. 왕은 처녀로 자란 공주를 보자 매우 흡족한 얼굴로 말했다.

"참으로 훌륭한 의사로다. 공주에게 약을 먹여 갑자기 자라게 하다니."

왕은 신하들에게 명령하여 의사에게 큰 상을 주도록 했다.

• 출전 : 『백유경』 15

거저 얻어지는 것은 없다. 어른이 되기 위해서는 옹알이를 하고, 걸음마를 배우고, 마침내는 엄마의 젖에서 물러나는 과정이 필요하다. 설령 거저 얻어지는 것이 있다 하더라도, 그것은 결국 비어 있는 껍질일 뿐이다.

# 작은 것을 얻으려다 큰 것을 잃다

어떤 나라의 궁궐에 아름다운 정원이 있었다. 그 정원에는 키가 크고 가지가 무성한 나무 한 그루가 있었다. 한눈에 보기에도 그 나무가 자라면 향기롭고 맛있는 열매가 열릴 것 같았다.

왕은 늘 그 나무를 아끼고 사랑했다. 정원을 관리하는 정원사 역시 왕의 마음을 알고 정성껏 나무를 관리했다. 이윽고 그 나무는 높이 자라 주렁주렁 탐스러운 열매를 맺었다.

그러던 어느 날, 왕과 가까운 신하 하나가 궁궐을 방문했다. 왕은 그를 정원으로 데리고 나가 아름다운 나무를 보여주며 말했다.

"이 나무의 열매는 무척 맛이 좋을 것이다. 그대도 맛 좀 보겠는가?"

신하가 대답했다.

"정말 탐스럽고 먹음직스런 열매입니다. 하지만 이 나무는 너무 높아서 열매를 먹고 싶어도 얻을 도리가 없겠군요."

"맛만 좋다면 나무가 높은 것이 무슨 문제가 되겠는

가? 정원사에게 일러둘 테니 기회가 되면 하나 따서 맛을 보게."

왕의 말을 들은 신하는 그 열매를 맛보고 싶었지만 나무가 너무 높아 열매를 딸 수가 없었다. 여러 날을 고민하던 끝에 그는 도끼를 들고 그 나무가 서 있는 정원을 찾았다. 그러고는 도끼를 들어 나무를 내리찍기 시작했다.

한참을 내리찍자 이윽고 나무가 쓰러졌다. 그러나 나뭇가지에 매달린 열매는 아직 덜 익어서 맛이 떫기만 했다. 그는 크게 실망하여 다시 나무를 일으켜 세워 땅에 심었다. 하지만 나무는 며칠 못 가 말라죽고 말았다.

• 출전 : 『백유경』 33

때를 기다릴 줄 알아. 강물은 굳이 기다리지 않아도 때가 되면 바다에 이르고, 곡식은 굳이 기다리지 않아도 가을이 되면 열매를 맺는다. 빨리 흐르지 않는다고 채찍질을 할 것도 아니요, 열매를 맺지 않는다고 조급해 할 일도 아니다. 자연이 가장 못 견뎌 하는 것은 바로 사람의 손이다.

## 나무에 물 주기

 어느 궁궐의 정원에 많은 원숭이가 살고 있었다. 때마침 거리에서 축제가 열리자 궁궐의 정원사는 축제를 구경하고 싶었다. 하지만 정원에 새로 심은 묘목에 물을 주어야 했으므로 짬을 낼 수가 없었다. 궁리 끝에 그는 정원에 살고 있는 원숭이 우두머리를 찾아갔다.

 "너희들은 이 정원에서 날마다 나뭇잎과 열매를 따먹고 있다. 그러니 이 정원은 너희에게 매우 소중한 곳이다. 잠시 내가 다녀올 곳이 있는데, 너희들이 나 대신 묘목에 물을 줄 수 있겠느냐?"

 우두머리는 정원에서 쫓겨날까봐 재빨리 대답했다.

 "좋습니다. 그렇게 하지요."

 정원사는 물을 담는 가죽부대와 나무통을 원숭이들에게 주고 거리로 나갔다. 잠시 후 원숭이들이 물을 길어와 묘목에 물을 주기 시작했다. 우두머리가 원숭이들에게 소리쳤다.

 "물을 길어오기 힘이 드니 모두들 물을 아껴라. 그리고 물을 줄때는 묘목의 뿌리를 뽑아보고 깊게 박힌 뿌리에는 물을 많이 주고, 얕게 박힌 뿌리에는 적게 주도록 하라."

원숭이들은 모두 우두머리의 명령에 따랐다. 그때 어떤 사람이 지나다가 원숭이들에게 물었다.

"왜 너희들은 묘목을 뽑아본 다음에 물을 주는가?"

"우리는 명령을 따를 뿐입니다."

길 가던 사람이 그 말을 듣고 탄식하며 말했다.

"아아, 미련한 것들! 일을 돕는다고 하면서 오히려 해를 끼치고 있구나!"

- 출전 : 『본생경』 46
- 『맹자』 「공손축 상(公孫丑 上)」에 나오는 '조장(助長)'이라는 고사와 유사하다. 송나라의 어떤 농부가 모를 심었는데, 모가 좀처럼 잘 자라지 않자 손으로 모를 하나씩 뽑아 늘여주었다. 그러자 모가 전부 말라죽었다.

도와준다는 것이 도리어 해를 끼칠 때가 있다. 이는 대개 사람의 조급함에서 비롯된다. 자연은 인위적인 도움을 필요로 하지 않는다. 가지를 흔들어 익지 않은 열매를 떨어뜨려도 이듬해 열매가 빨리 맺히는 것이 아니며, 강물이 너무 급하다고 물을 막아 느리게 하는 것도 결코 도움이 되지 않는다.

# 어리석은 농부

사탕수수 농사를 짓는 두 사람의 농부가 있었다. 봄이 되자 두 사람은 사탕수수를 심으면서 서로에게 맹세하였다.

"좋은 종자를 심어 수확이 좋은 사람에게는 상을 주고, 좋지 못한 종자를 심어 수확이 적은 사람에게는 벌을 주도록 하자."

"그런데 어떤 벌을 주지?"

"진 사람이 이긴 사람의 밭에 가서 1년 동안 일을 대신해주기로 하세."

두 사람은 그렇게 하기로 약속하고 각자의 집으로 향했다. 그런데 어리석은 농부는 사탕수수를 심으면서 이렇게 생각했다.

'사탕수수는 아주 달다. 만일 즙을 짜서 그 나무에 뿌려주면 그 맛은 다른 사탕수수보다 훨씬 단맛이 날 것이다.'

어리석은 농부는 매일 사탕수수의 즙을 짜서 밭에 뿌렸다. 그는 이웃집 농부를 비웃으며 이렇게 말했다.

"내가 이긴 것이나 마찬가지야. 단물을 먹고 자란 사

탕수수가 얼마나 달겠는가?"

하지만 시간이 흐르면서 그가 심은 사탕수수는 점점 말라가기 시작했다. 이윽고 수확 철이 되기도 전에 그의 사탕수수 밭은 폐허가 되고 말았다.

• 출전 : 『백유경』 16

섣부르게 좋은 결과를 얻으려 하지 말라. 인생에 왕도는 없다. 산다는 것은 길고 긴 여정이며, 이 어렵고도 힘든 과정을 통해 지혜가 얻어진다.

# 볶은 씨앗을 심다

어떤 어리석은 사람이 그릇에 참깨가 있는 것을 보고 날것으로 한 움큼 집어먹었다. 하지만 그 맛은 참기름처럼 고소하지 않고 오히려 비릿하기만 했다.

'참기름은 고소한데 왜 참깨는 고소하지 않은가?'

이웃사람이 그 모습을 보고 말했다.

"참깨는 볶아 먹어야 제 맛이 난다네."

그 말을 들은 사내가 참깨를 볶아 먹었더니 매우 고소했다. 사내는 이렇게 생각했다.

'애를 써서 참깨를 볶아 먹는다는 것은 정말 바보 같은 짓이야. 미리 참깨를 볶아서 땅에 심으면 고소한 참깨가 열릴 것 아닌가.'

사내는 집에 있는 참깨를 모두 볶아 땅에 심었다. 그러나 볶은 참깨에서 싹이 날 리가 없었다. 결국 그는 가지고 있던 참깨를 잃고, 애써 심은 참깨 밭도 모두 망치고 말았다.

• 출전 : 『백유경』 24

손도 안 대고 코를 풀려 하지 마라. 열매는 쓰디쓴 인내를 거쳐 탄생한다. 마음을 닦는 데도 마찬가지이다. 심어야 할 것은 날 씨앗이다. 날 씨앗만이 생명의 숨결을 간직하고 있다. 따라서 우리의 삶에 심어야 할 것은 육신의 달콤한 탐욕이 아니라, 탐욕에 물들지 않은 날것의 마음이다.

# 손해나는 장사

 목재 중에서 가장 비싼 것이 침향목(沈香木)이다. 그중에서도 오랜 세월 동안 바다 밑에 가라앉아 있던 침향목을 최고로 친다. 예로부터 사람들은 이 나무의 수액을 향료로 썼는데, 특히 바다 밑에서 여러 해 동안 묵은 나무는 구하기가 몹시 힘들었다.

 어떤 상인이 여러 곳의 바다를 찾아다니며 마침내 질 좋은 침향목을 건질 수 있었다. 그는 침향목을 수레에 싣고 돌아와 그것을 시장에 내다팔려고 하였다.

 그러나 나무의 값이 워낙 비쌌기 때문에 사려고 하는 사람이 별로 없었다. 시장에 좌판을 벌인 지 여러 날이 지났으나 상인은 그 나무를 팔지 못했다. 하루 종일 앉아 있어도 나무가 팔리지 않으니 상인은 몹시 괴롭고 몸도 피곤했다.

 그때 상인의 옆에는 숯을 파는 장사꾼이 있었다. 상인이 가만히 살펴보니 숯 가게 앞은 늘 만원이었다. 마을 사람들은 날이 밝자마자 숯장수에게 와서 반드시 숯을 사가는 것이었다. 그 모습을 지켜보고 있던 상인은 엉뚱한 생각이 들었다.

'차라리 이 나무를 태워 숯을 만들면 금방 팔려나가겠지.'

그리하여 상인은 귀한 침향목을 태워 숯을 만들었다. 그러나 그가 귀한 나무를 숯으로 만들어 판 값은 숯 값보다도 쌌다.

상인을 지켜보고 있던 숯장수가 웃음을 터뜨리며 말했다.

"어리석은 사람아, 향은 비록 더디게 팔리지만 그 값은 숯에 비할 바가 아니네. 그런데 귀한 향을 태워 숯을 만들면 내가 만든 숯보다 더 싸지 않겠는가?"

• 출전 : 『백유경』 22/ 『경률이상』 권36

당장 눈앞에 보이는 이익 때문에 값진 것을 헐값에 팔아버리는 사람은 어리석다. 진짜 값진 것은 그 값을 알아보는 사람에게 팔아야 한다. 수천금의 값어치를 지닌 물건이라도 어떤 이에게는 불쏘시개에 불과하고, 어떤 이에게는 휴지조각에 불과하며, 어떤 이에게는 귀찮은 쓰레기에 지나지 않는다.

인내하는 사람에게 복이 있다. 그러나 배고픔을 참지 못하는 사람에게 기다림이란 정말 지루한 것이다.

## 후회하기엔 너무 늦었다


자식이 없는 부부가 있었다. 그 집의 뒷동산에는 몽구스 한 마리가 살았는데, 어느 날 몽구스가 귀여운 새끼를 낳았다. 자식이 없었던 남편은 그 새끼를 집에 데려다가 자식처럼 사랑하며 돌보아주었다.

그러던 어느 날, 아내가 아들을 낳았다. 아들이 생기자 남편은 몹시 기뻐하며 말했다.

"몽구스가 새끼를 낳았기 때문에 우리에게도 복이 내린 거야!"

그러면서 남편은 더욱 정성껏 몽구스 새끼를 돌보았다. 그로부터 얼마 후, 남편이 일이 있어 외출한 사이 아내도 집에 아이를 남겨두고 이웃집에 그릇을 빌리러 갔다.

혼자 남겨진 어린 아들은 배가 고파 우유를 마시기 시작했다. 그때 독사 한 마리가 우유 냄새를 맡고는 집 안으로 기어들어와 아이를 해치려 했다. 이를 본 몽구스는 독사를 물어서 죽이고 아이를 보호했다.

외출에서 돌아온 남편이 마당에 들어서자 몽구스의 입가에 핏물이 가득 묻어 있는 것이 보였다. 순간 그는 몽구스가 자신의 아이를 물어 죽였다고 생각하고 지팡이를 들어 몽구스를 쳐서 죽여버렸다.

"은혜도 모르는 놈! 내 아이를 물어 죽이다니!"

몽구스를 때려죽인 남편이 급히 방 안으로 들어서자 죽을 줄 알았던 아이는 손가락을 입에 문 채 놀고 있었고, 그 옆에는 피를 흘리며 죽은 독사 한 마리가 있었다. 그제야 모든 것을 알아차린 남편은 자신의 경솔한 행위를 후회하면 소리쳤다.

"짐승에게도 사람을 생각하는 정이 있었구나! 그런 줄도 모르고 나는 죄 없는 생명을 죽이고 말았구나!"

남편은 몽구스 앞에서 통곡을 하며 뉘우쳤다.

• 출전 : 『경률이상』 권28

남을 해치려는 마음은 대개 오해에서 비롯된다. 남의 마음이 나의 마음과 다를 것이라는 생각이 바로 오해의 시작이다. 따라서 상대방이 나와 똑같은 존재라는 생각을 하게 되면 해치려는 마음이 사라진다.

서둘지 마라. 상대방의 마음을 알기 위해서는 시간이 필요하고, 우리에게 주어진 시간도 충분하다.